紙モノ・コレクション大百科

絵はが [illegible] 切符まで

三遊亭あほまろ

切手の博物館

前口上

紙モノ・コレクションの楽しみ方

オイラの師匠は山のアナアナで一世を風靡した、三代目三遊亭圓歌だ。しかし、亭号はもらっていても落語家じゃない。落語の批評だけは一丁前のプロであるが、落語は噺せない。

本業は蒐集家と答えている。〝あなたはいったい何を集めているのですか〟。そんな愚問を投げかけられることも多いが、〝何でも〟と答える。事実、ジャンルを問わず〝何でも〟溜め込んでいる。神様に命を与えられたように、紙様にも命を与えてみたくってね。

＊

オイラの祖父は俳句や俳画、ぽち袋や千社札等は木版で自作をしていた。毎年お正月には、干支が描かれたぽち袋でお年玉をくれた。もし市販のモノだとしたらとっくに捨てていただろう。その証拠に、両親や親戚から貰ったお年玉の袋は残っていない。きっと、祖父の手作りということもあって無意識に仕舞っておいたのだろう。祖父は、中学2年生の時に他界した。

祖父が残してくれたコレクション（切手・古銭・絵葉書・浮世絵・千社札・引札・包装紙等々）が、おいらの紙様のベースにな

三代目三遊亭圓歌師匠の書

平成19年9月にオイラは、密かに浅草の「秘密基地」を創りました。

オイラの師匠、三代目三遊亭圓歌は、ここは秘密基地というよりも現代の茶室だと、「浅時庵（あさじあん）」と命名をしてくれたのですが、友人の漫画家ウノカマキリ氏に、「アホ時庵（アホジャン）」なんて言われてしまったけどね。

命名の由来は、茶聖として有名な千利休が侘び（ワビ）をプロデュースして京都大山崎に創り上げた茶室、「待庵（じあん）」をもじってくれたのですが、そんな高尚な部屋ではありません。でも、なんとなく落ち着ける下町の雰囲気は、何処かの路地裏の場末のバー的なので、夜な夜なみんなが集まってくれましたが、落ち着けたのは僅か2〜3年。現在はコレクション山積みの倉庫と化しているのであります。

った。今まで何度も引っ越しを繰り返し、そのたびに紙様たちもついて来た。過去に一度も火災に遭遇しなかったのも幸いし、どんどんその量を増していったのだった。

オイラの仲間には、新聞の折り込み広告を30年間集めて整理しているやつがいる。お菓子の袋や納豆の袋まで、生活必需品を立派にコレクションとしているやつもいる。興味のないやつに言わせればただのゴミだ。

たとえば、あの、ダイエーの前身である株式会社主婦の店が、昭和33年に神戸にオープンした時のチラシを後生大事に持っていたやつ、ダイエーが破綻した時にはマスコミ各社から取材が殺到した。たかがチラシでも50年も経てば立派な資料として価値を持ってしまう。こうなれば、某お宝鑑定番組に出せば、すごい「お宝」として〝ジャカチャ〜ン〟と、金額も設定されてしまうだろう。

更に古いものともなれば、第一級の歴史資料として博物館に飾られることだってある。とはいえ、オイラだって興味のない紙モノは捨てる。残った紙様は、きちんとアルバムに整理をする。そうすることによって、再び命が与えられ、豊かな時間を気軽にいつでも紙様と過ごすことができるからだ。

＊

お子様やお孫さんにお年玉を与える時には、ぽち袋にちょっと凝ってみては如何かな。そんな些細なことでも、後々の子供たちの成長に影響を与えるようになれば楽しいだろう。

本書では、スペインで出会い、一目惚れした日本の美人絵葉書から始めてみよう。本格的な紙様コレクションは、とくに手彩色美人絵葉書から火が付いたといっても過言ではない我が人生を、コレクションとともに語ってみよう。

浅時庵

もくじ

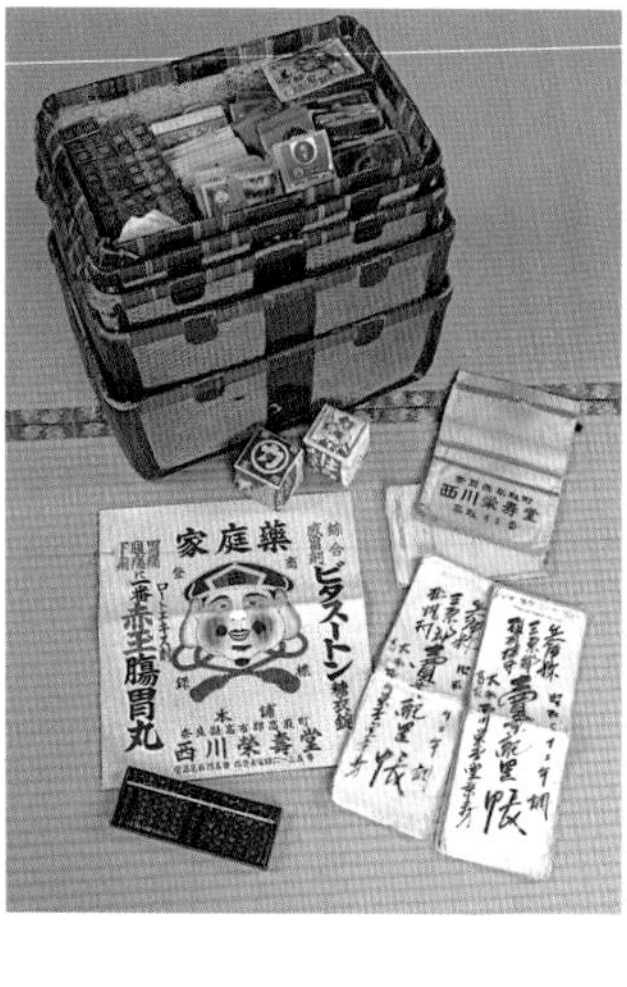

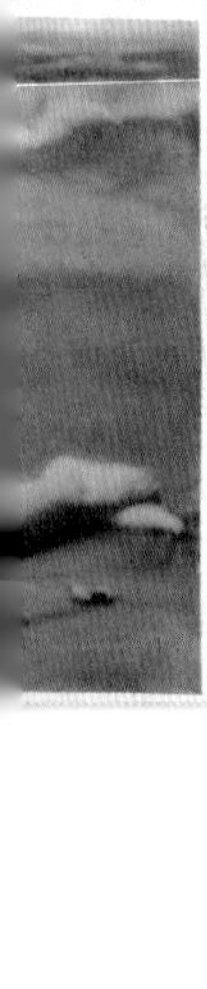

色氣算術

おそめ
久松

※本書は平成18年（2006）以来、切手趣味誌スタンプマガジンに掲載され、現在も継続中の多ジャンルにわたる紙モノ・コレクションを再構成し、多くの新規画像を加えたうえで刊行するものです。

第一章

紙にも命を —— 紙様コレクション

戦前の食品ラベルより、野菜の味噌漬と黄デンブ。

前振り対談1

蒐集癖は生まれつき

あほまろ

×

編集長
ひらりん

ひら（ひらりん）　初めてお会いしたのは、たしか日本絵葉書会の例会。盆回し（注）で、やたら派手に入札されている方がいて…。

あほ（あほまろ）　それがオイラだったってか（笑）。　オイラの専門は手彩色も含めた明治の美人絵葉書なんだけど、それ以外にもいろいろと興味があったからね。

ひら　それで、浅草の秘密基地（事務所）にお邪魔して、蒐集ジャンルのあまりの広さに唖然…。その場で即、雑誌の連載をお願いしたんでした。

あほ　そのときの編集長の言い草がおもしろかった。切手の雑誌なのに、切手以外のコレクションの話を書いてくれっていうんだから。

ひら　以前から「モノを集めること」自体に、興味があったんです。切手については、皆さんよくご存じだけど、他のジャンルのコレクションはどんな集め方をしているのかって。

あほ　それで連載を通じて、どんなことが分かったのかなあ？

ひら　結論としては、どのジャンルの蒐集もおんなじだということが分かりました（笑）。

あほ　そうね。結局、大切なのはきちんと整理することだもの。そうすることでコレクションに命が吹き込まれるんだね。

ひら　本書にはそうした百花繚乱な連載がぎゅっと圧縮されているから、楽しんでいただきたいですね。そういえば、雑誌の読者に百貨店の方がいて、封印シールの原稿依頼が舞い込んだ、

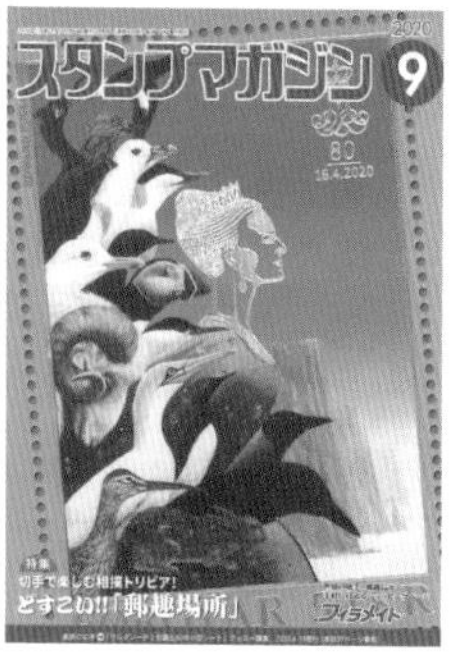

スタンプマガジン。1985年創刊の切手趣味誌。あほまろの連載は2006年から。

（注）盆回し：趣味の集まりで行われるミニ入札会。

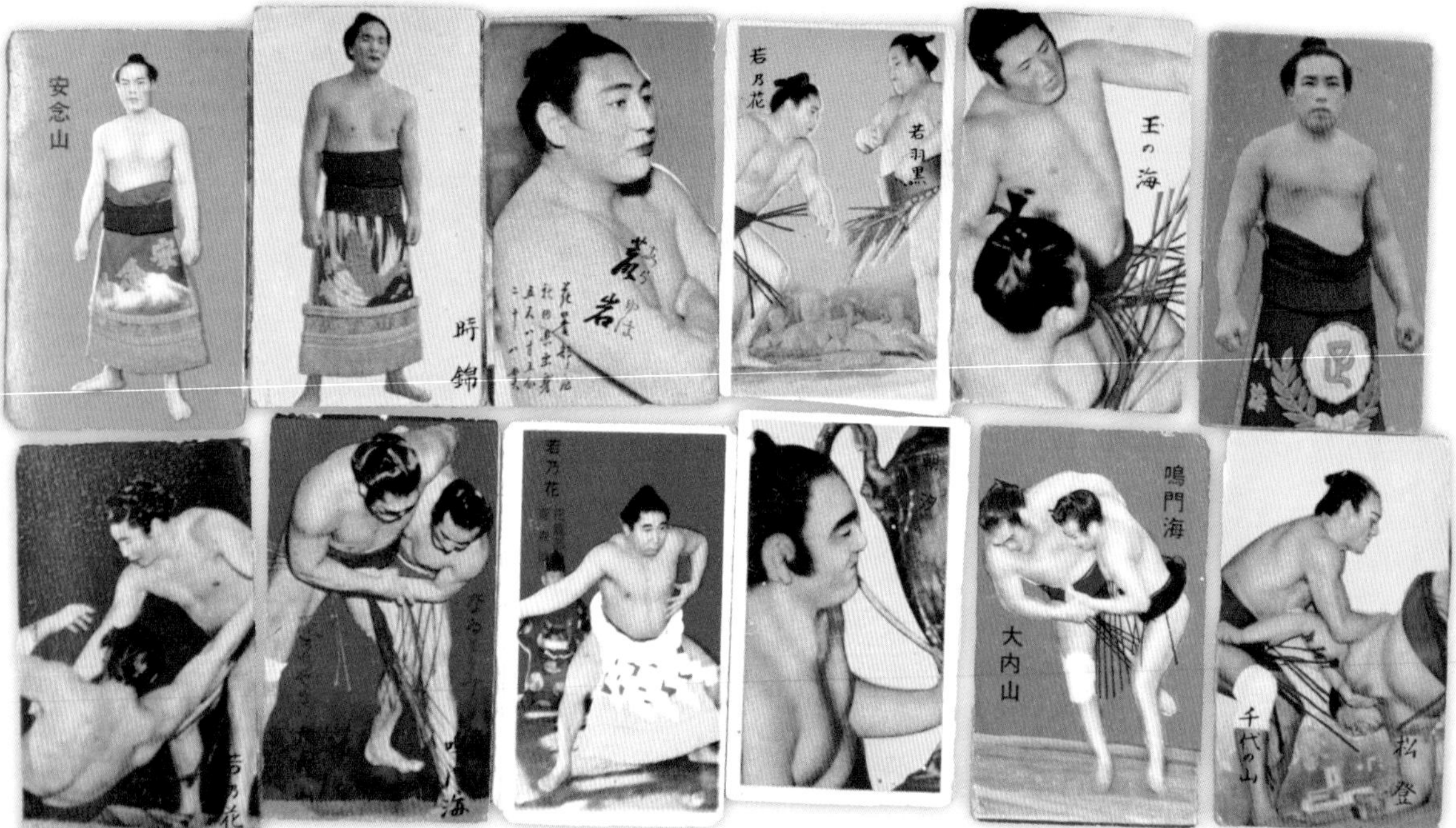

相撲カード　当時集めていたカードから。難しい漢字には母親がルビ（荒岩：あらゆは）をうってくれていますね。

なんてこともありましたね。

あほ　突然に松屋から依頼があって驚いた。まさか百貨店の広報誌で封印シールの連載をすることになろうとはね。

ひら　ところで、前口上でも記されていますが、あほまろさんのお爺さんのコレクションが、紙様たちのベースになっているんですね。

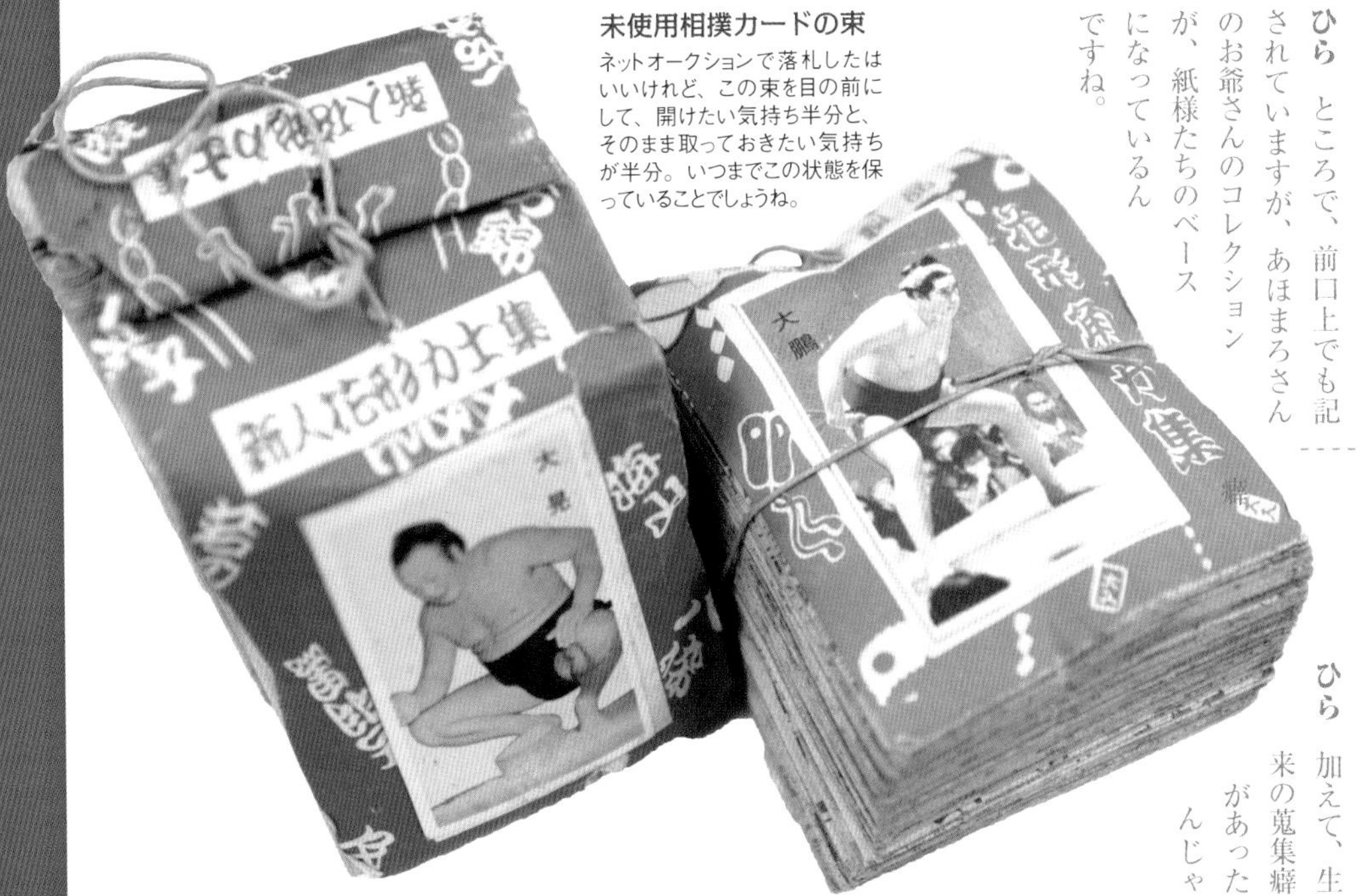

未使用相撲カードの束

ネットオークションで落札したはいいけれど、この束を目の前にして、開けたい気持ち半分と、そのまま取っておきたい気持ちが半分。いつまでこの状態を保っていることでしょうね。

あほ　そう。切手をはじめ、いろんな紙モノを受け継ぐとともに、コレクションの精神というのかな、コレクター魂も受け継いだようなんだね。

ひら　加えて、生来の蒐集癖があったんじゃないですか？　たとえば相撲カード。あれはお爺さんの蒐集対象じゃなくて、あほまろさん自身が、こどものときに夢中になったものでしょう？　それをいまでも大切にされている。

あほ　駄菓子屋で売っていたんだね。店頭にぶら下がっている分厚い束の中に、新聞紙を再利用した粗末な袋が入っている。お小遣いの10円玉を握りしめて、1回5円の袋を引く緊張感を今も記憶しているよ。

ひら　その気持ち、よ〜く分かります。

あほ　袋の中には、その当時活躍した有名力士や名勝負の写真が入っているんだ。時は栃若（栃錦と若乃花）時代、テレビの相撲中継では、机の上に本日の取り組み通りに力士のカードを並べて楽しんだものだよ。

ひら　駄菓子屋では、他にもいろんなモノが売られてましたね。

あほ　ほとんどはクジ式だったけど、クジじゃないモノに日光写真があったね。本体をひとつ買えば、後はタネ紙と印画紙だけを補充すればいいんだ。それらの写真を並べたアルバムを、いまも残してあるんだけど、定着処理をしていないので、年月とともに印画紙が感光し、真っ白になってしまった。何が写っていたのか知る由もなし。でも、幼い頃の思い出として捨てられないんだよね。

駄菓子屋で売られていたさまざまなおもちゃのひとつ、日光写真はいまも大切に保存している。ただし、横の「クビニンギヨウ」、これはたぶん妹のおもちゃを取り上げてしまったのかも知れません。

萬龍が外国人に直筆サインをして渡したのだろう。今にも通じる美人じゃないかな。表面は傷んでいるが自慢の一枚。メッセージには「愛をこめて」とある。

美人絵葉書――芸者〝萬龍〟

オイラのコレクションで自慢できるひとつに絵葉書がある。特に多いのが明治後期の美人絵葉書だ。今で言うプロマイドのようなものだが、モデルは花柳界の芸者さんたちが多い。これも江戸時代から続く浮世絵の美人画からの発想で、美人と称されるのは玄人の女性と決まっていたのかも知れない。

明治40年に「文芸倶楽部」が実施した全国百美人の読者投稿で見事一等になった「萬龍（まんりゅう）」、当時は赤坂春本の芸者だ。「酒は正宗、女は萬龍」と、清酒のポスターにも使われたほどの美人。自慢なのは萬龍の直筆サイン入りの絵葉書を持っているってことだ。

昭和55年頃、バルセロナのノミの市で出会った。仕事を終えてぶらついていると、とあるお店の前に段ボールいっぱいに詰まった日本の絵葉書が目に付いた。箱の中はほとんどが明治時代のもので、程度の良い美人絵葉書を中心に2～3千枚はあろう。その一番上で微笑んでいたのが、この萬龍だった。

その頃、さほど興味のなかった絵葉書だったが、萬龍の姿に想いを込めて箱ごと買って帰った。それがオイラの絵葉書という紙様に狂う始まりとなった。

帰国して絵葉書を眺めているうちにすっかり虜になってしまった。その日から暇を見付けては、神田の古書店や神社の骨董市などを歩き回った。当時は、手彩色（てさいしき・右端）でも一枚百円ほど、それが今では人気も上がり、五千円以下では買えないほどだ。しかし、今となってみると美人絵葉書に関しては、欲しいものはほとんどなくなってしまうほど集めてしまったからね。

手彩色絵葉書のほとんどは、白黒のコロタイプ印刷（注）に一枚一枚職人が手で色を塗っていく。そのため、同じ絵葉書でも微妙に色彩が変わっている。同じ絵葉書を何枚も並べて鑑賞するのも楽しみのひとつだ。また、拡大コピーをしても鑑賞に堪えられるのも、忠実な階調再現ができるコロタイプ印刷の良さだ。こんな楽しみは、他の紙様には味わえない。

絵葉書は観光物、鉄道、挿絵、年賀、戦況、外地等々、様々なジャンルに触手を伸ばしている。最近では有名観光地から絵葉書が消えてしまってちょっぴり悲しい。でも、世の中から絵葉書が消えてしまった訳じゃない。年賀状やダイレクトメールなど、かえって昔よりも絵葉書そのものは多くなっている。毎日のように送られてくる宣伝や各種案内などの中にも、仕舞っておきたくなるような素晴らしいものもある。これだって、何年かすると貴重な文化資料となっているかも知れない。縁あって舞い込んで来るダイレクトメール、捨てる前にもう一度見直してみては…。

（注）コロタイプ印刷：写真術と共に発展した印刷技術の中で、もっとも早期に写真印刷が確立したのがコロタイプ印刷。オフセット印刷のように網点を使用しないので、連続階調で写真をまるで印画紙に焼き付けたかのようなリアルなトーンを表現する印刷技術。原画に忠実な階調再現ができるため、高級美術印刷複製用途でその地位を確保していた。

栄（下谷）

一六（烏森）

おひさ（新橋）

濱勇（新橋）

小えん（浅草）

春子

秀勇（大阪南）

手彩色
美人絵葉書
コレクション

絵葉書モデルの明治の美人、ほぼ全員が関東関西の花柳界の芸者たち。当時の資料より源氏名と所属が判明した方々を並べました。

千代（新橋）

静枝（新橋）

清香（新橋）

政也（大阪南地）

寿々女（新橋）

菊栄

音丸（新橋）

栄太郎（芳町）

条子（新橋）

照葉（新橋）

小半（新橋）

小吉（新橋）

榮龍（新橋）

老松（新橋）

呂之助（北新地）

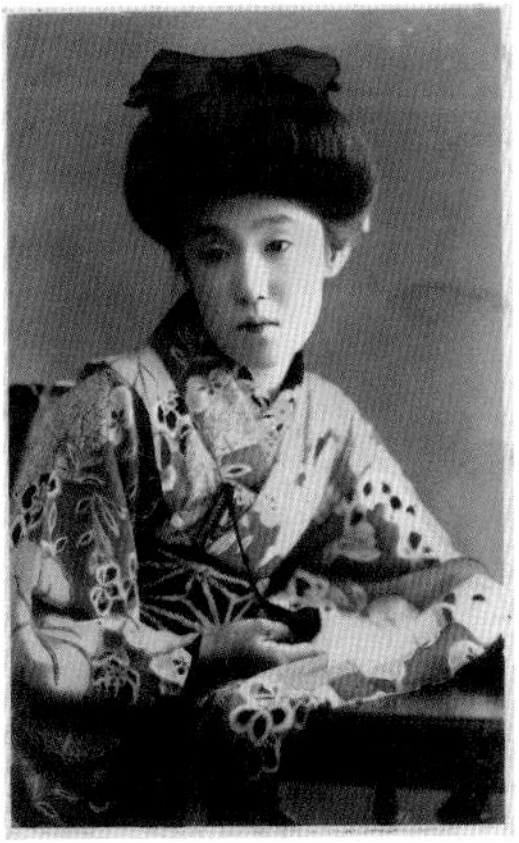
艶香（新橋）

あったよね…「缶詰のラベル」

　印刷技術が発達し、今となっては全くお目に掛からなくなった紙製のラベルを巻いた缶詰。こんな紙様だってコレクションの対象となって、昔はお菓子や納豆などと共に食品ラベルの交換会に良く登場していたよ。団塊の世代のオイラが缶詰と最初に出会ったのは、ギブミーチョコレート時代。進駐軍から非常食用の缶詰を貰った時だろうね。中にはクッキー、チョコレート、ガム、そして銀紙に巻かれた煙草とローマッチ。もちろん子供なので煙草は父親にあげて、菓子類は大切に大切に、何日もかけて食べたっけ。しかし、それにはラベルはなく、濃緑の缶に直接英語が書かれていたよ。

　缶詰ラベルの最初の記憶は、ミカンの缶詰だった。それも、風邪を引いた時にだけお目にかかれる貴重な缶詰。それが食べたくて仮病を装って叱られたこともあったよ。いつも、母に頼んで缶切りで傷が付かないうちにラベルを剥がし、大切に仕舞っておいた。おかげで、この年になっても風邪をひくとミカンの缶詰が食べたくなるし、ミカンの缶詰のラベルを見ると風邪気味になってしまう妙な連鎖反応…。

　そんな幼いある日、我が家に缶詰の詰め合わせのお中元が届いた。蟹缶や鮭缶など中身が生き生きと描かれ、それがとっても美味しそうに見えるんだよ。そのラベルをすべて剥がし、スクラップブックに並べたのが最初のコレクションだった。ところが、ラベルを剥がしてしまったので、中に何が入っているのか全く解らなくなってしまった缶詰の缶。あの時はひどく叱られたね。それ以来、ラベルを剥がすのは母の仕事と、決められてしまったんだよ。

　残念ながらその頃のコレクションはすべてなくなってしまったけれど、オイラと同じようなコレクターが放出するラベルは、時々市場に出回る。今では人気のない紙様なので値段は極端に安い。それを良いことに少しずつ買い集めているうちに、今ではちょっと自慢できる量に膨れあがったよ。

　コレクションの中で数の多いのが大好きなミカンとパイナップル缶。特に、パイナップル缶は、日清戦争後日本の領有となった台湾生産のものが多い。当時の台湾では良質なパイナップルが採れず、ハワイから本格的な種苗を導入して缶詰の品質を上げたといわれる曰く付きの代物。どれもが軍国調デザイン、好きだね。

　戦後になると、パイナップル缶は沖縄産に変わっていった。それも、昭和44年をピークに漸減傾向をたどり、平成11年には沖縄のパイナップル缶詰製造業者が1事業者まで減少してしまったそうだ。しかし、パイナップルの需要は当時よりも伸びている。これも流通と保存の変化に缶詰が着いていけなかったってことなのかな…。

　ところで、缶詰のラベルが消えたのはいったいいつ頃だろう。社団法人日本缶詰協会（左ページの注を参照）によると、昭和50年頃にはほとんどが印刷缶に切り替わってしまったのだ。また、ラベルだけじゃなく、その頃には、大手スーパーやコンビニによって新たな食品の保存方法が開発され、缶詰そのものが激減してしまった。

　でも、ラベルだけは誰かが残しておかなければいけないのでしょうね。これだって、今となっては貴重な食の文化財じゃないだろうか。

缶詰の定番「牛肉の大和煮」。これは昭和初期のラベル。現在は印刷缶になってはいるが、今でもこのイメージのまま売られている。

大正時代の軍国調な台湾製パイナップル缶。台湾製とあって市場価格は1,000円を越えるが、交換会が盛んだった平成５年頃は３倍以上だった。

明治初期のラベル。こんな素晴らしいのに、人気がないのか骨董市で一枚500円程度。今が集めるチャンスかも。

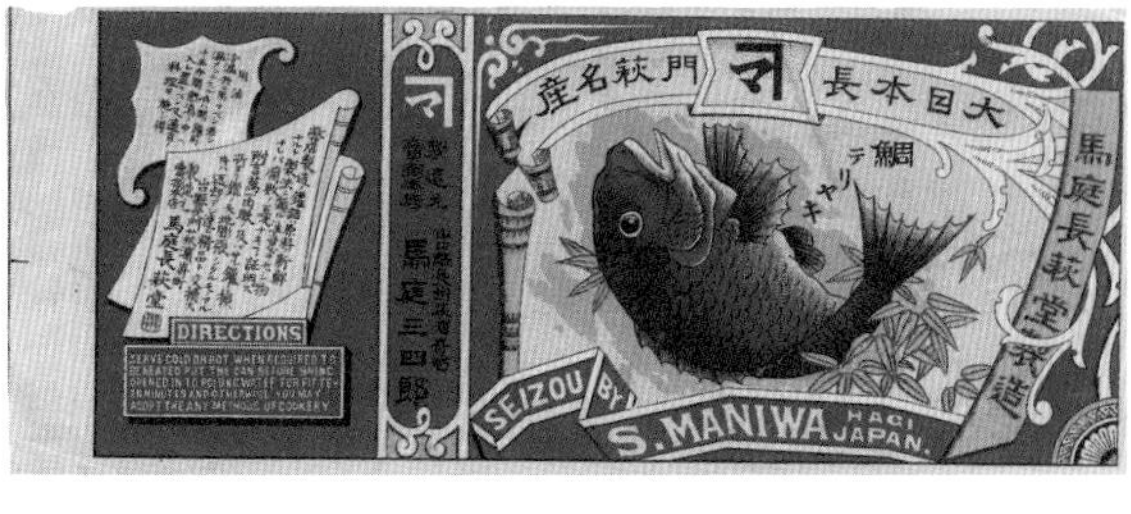

（注）缶詰ラベルの豪華本「缶詰ラベル博物館」が、社団法人日本缶詰協会の監修で出版されている。お値段は12,000円と高価だが、明治から昭和まで2,331点をオールカラーで公開。コレクター垂涎の国産第一号ラベル、「北海道開拓使のサケ缶」は必見だよ。ちなみに、同協会の現在の正式名称は、公益社団法人日本缶詰びん詰レトルト食品協会と言うんだ。長い法人名だね！

DIRECTIONS
SEIZOU BY
S.MANIWA HAGI JAPAN.
SHINANO
Kazama BRAND
NET CONTENTS 235 GM.
MACKEREL PIKE
DISTRIBUTORS
KAZAMA SHOKUHIN CO. LTD.
TOKYO JAPAN
さんま
ヒノマル印
日水のかつ
SSK
まぐろフレ
SSKの姉妹品
とんかつソース
リボンマヨネーズ
R.E.G. TRADE MARK
FANCY RED SALMON
Kabuki
FANCY
NET CONTENTS 11 OZ.
DISTRIBUTED BY
& CO. (AMERICA) INC.
NEW YORK, N.Y. U.S.A.
TASTY WHOLE SEGMENTS IN LIGHT SYRUP
ORANGES
AKINDOFBIVALVE SHELL
貝
TRADE MARK
COLROSE BRAND
Tempting
Adds color
And your favor
Quality
TRADE MARK
山口県名産
YAMAGUCHIKEN JAPAN
門萩名産
SEIZOU BY

ピース
パインアップル
内容量五百五十瓦
臺灣合同鳳梨株式會社
臺灣高雄市
HAGIMINATO
YAMAGUCHIKEN
物産食品罐詰製造長種堂
富士見煮
まぐろ味付
美味滋養
SEASONED WITH SOY
NET WEIGHT 255 GR.
PACKED BY
SHIBATA CANNERY
SHIMIZUMIHO JAPAN
T-G-K
は
大洋漁業株式會社
TAIYO FISHERY CO.
MAMMOTH APPROX 13 TO 20 STALKS
LARGE APPROX 21 TO 30 STALKS
MEDIUM APPROX 31 TO 40 STALKS
SMALL APPROX 41 TO 45 STALKS
Skee
ASPARAGUS
WHITE SMALL
PACKED BY
HOKKAIDO FOOD-STUFF CANNING CO.LTD.
HOKKAIDO JAPAN
OPEN AT THIS END
NET WEIGHT 10½ OZ.
PRODUCT OF JAPAN
発賣元
長野市
信濃酒罐株式會社
あんず
BY
MANCO.LTD.
JAPAN
標
牛肉
NET WT. OZ.
サバエ日本煮

燐票（りんぴょう／マッチラベル）蒐集

数年前、新たな蒐集ジャンルがオイラを刺激した。旧知の友人が欲しい古銭の出物があるので、古銭以外の蒐集品を手放したいと強引に送りつけてきた段ボールの箱。

その中にはなんと、3万枚を超える古いマッチラベル、いわゆる「本票（市販用の商標マッチ）（注）」が詰まっていた。元々燐票にも興味があり、千枚ほどのコレクションを有してはいたのだが、全く欠点もない3万枚の燐票を目の当たりにしたオイラの驚きと喜びはひとしお大きかった。

（注）燐票の種類には、本票（市販用の商標マッチ）、広告マッチ、個人マッチ（個人票、趣味の会での交換用、82ページ参照）がある。

恐らく過去の蒐集家が集めてこられた物に違いない。そう思いながら整理をしていると、燐票蒐集会「日本燐枝錦集会（にほんりんしきんしゅうかい）」の会員証が出てきた。それも「廃物道楽」でその名を今に残す鎮目桃泉（かなめとうせん）の会員証だった。記録によれば、鎮

会報「錦」昭和４年10月号、福山碧翠宅に集まった強者燐票家。左より、佐藤・福山・松平・田村・鎮目・福山夫人。
松平氏は、旧越前福井城主で松平康荘侯爵（燐号：文嶽）。いつの時代も趣味の世界に身分の相違はない。

目桃泉の師匠は明治41年（1908）に、かの有名な我楽他宗を旗揚げし、蒐集道楽を文化にまで位置づけた趣味山平凡寺、三田林蔵である。

　鎮目桃泉は非凡山木念寺と号し、谷中墓地の近くに住んでいた。本職は芝浦製作所（現東芝）の電気技師で、とりあえずは有名会社に勤務するサラリーマンとしての表の顔は有しながら、ひとたび会社が退けたとたんから奇人に一変する。毎日、都内各地のゴミ捨て場に出没しては世間で嫌われる屑を好むことを無上の喜びとしたのだった。その成果はというと、乗車券、入場券、歯磨袋など手当たり次第に持って帰り、その成果を几帳面にスクラップブックに貼り付けていた。特に、南京豆の袋が700種類、羊羹の包み紙が200種類、燐票に至っては3万枚を超える大蒐集家と後生に伝えられている。

　燐票の蒐集は、柳川一蝶・桂文楽などが中心になって愛好家が集まり、明治36年（1903）1月24日に発足した「日本燐枝錦集会」の旗揚げを機に、各地で燐票愛好会が結成された。また、切手や古銭同様の燐票専門店も全国各地に開店し、当時は趣味と欲が絡んで全国的な蒐集ブームを引き起こしたと伝えられている。その影響で、大阪では「好友会」、神戸では「集好会」「少年会」など全国各地に燐票収集熱が広がっていった。

　当時の番付によると、東京で奴煙草屋を経営していた福山碧翠（ふくやまへきすい）が6万3千種類と抜群の蒐集力を誇る横綱だった。一方、鎮目桃泉は、3万種類で東の小結に位置している。

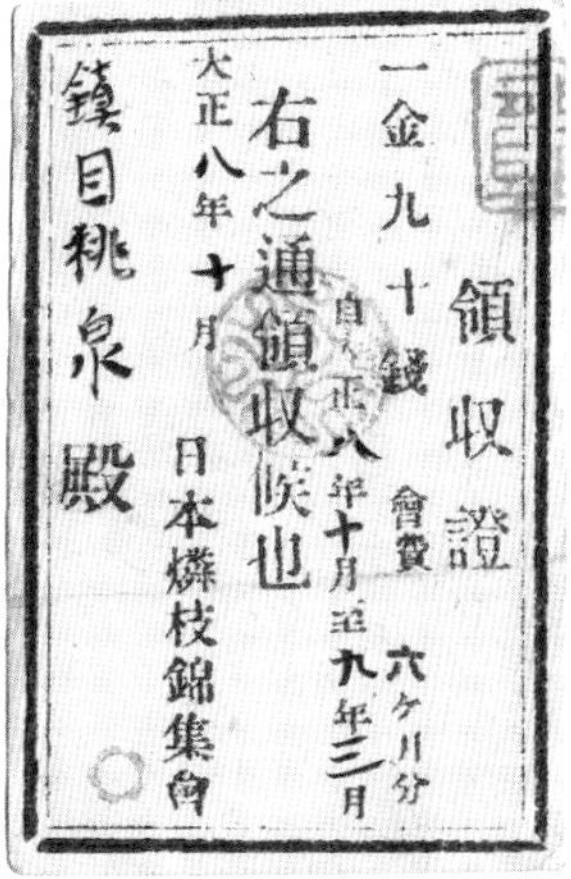

大正８年、鎮目桃泉の会費の領収書。こんな物まで燐票サイズとはそのフィーバーぶりがうかがえる。

燐票界の大珍品「大元帥」。明治27年発行直後、菊の御紋章使用のために発禁となったいわくつきの商標。現存２～３枚といわれ、赤と黒がある。残念ながらオイラが所持するのは、「日本燐枝錦集会」が制作した模刻品。

国産マッチの開祖、清水誠が設立した「新燧社」のマッチ。

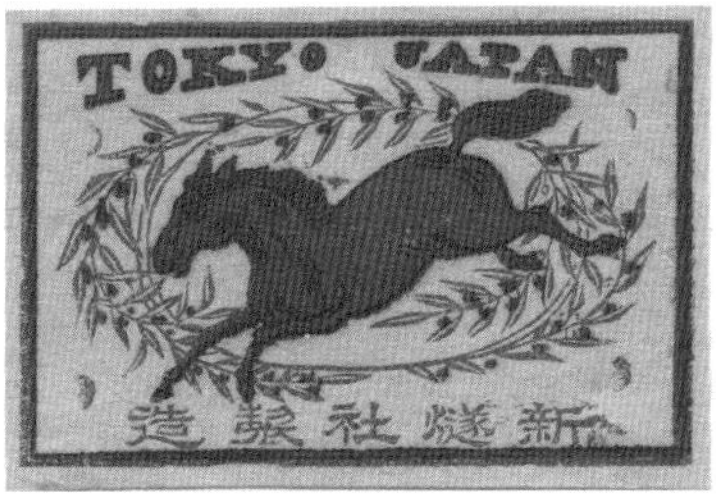

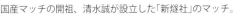

初期の燐票コレクション

骨董オークションで競り落とした初期の燐票貼り込み帳です。横浜在住のオランダ人建築家 E Batavus Jr が、明治27年まで、横浜・東京・新潟・北海道等で集めた燐票５冊約1500枚と、写真には写っていませんが、大判ダース票１冊約30枚が揃った貴重なコレクション。大判ダース票とは、小箱マッチを12個包装した上に貼られたラベルです。

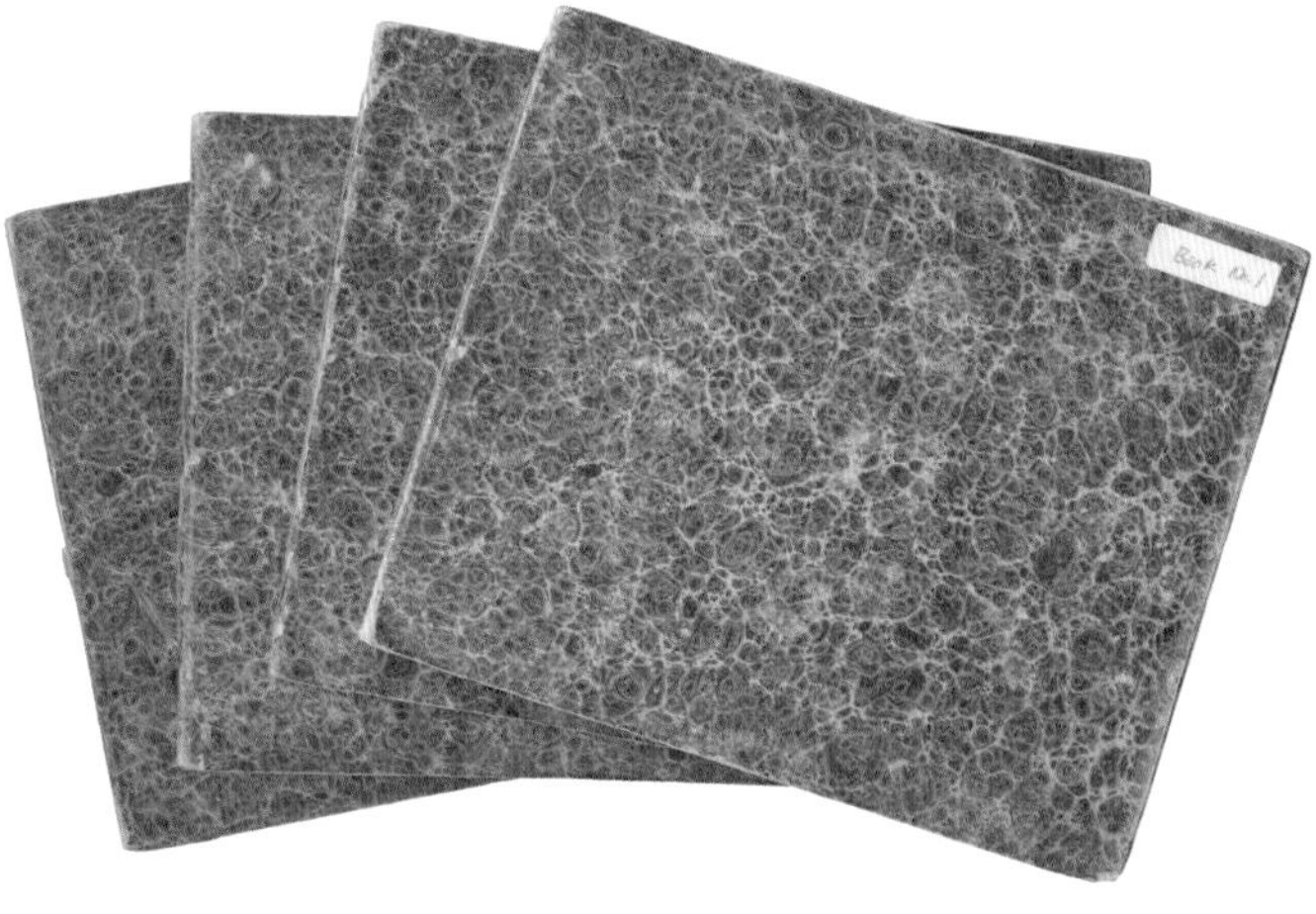

日清日露の戦勝がもたらした国民的自負とでも言いましょうか、アジアの中に、欧米に肩を並べるまでになった国、日本が誕生した喜びは、燐寸の世界でも民族の偉大さを誇った元気な標語でもてはやされていたのでした。

封印シールは信頼の証

「そんなの集めてどうするの?」
　オイラの秘密基地に遊びに来た連中は口を揃えて、そんな言葉を返してくる。どうするもこうするも、捨てるに困っているわけじゃなし、好きで集めているのだから、ましてそちらのニワカと違ってちゃんと整理をして分類までしているのを見せると、「いったい何枚持ってるの?」。そんなの数えたことないよ…。好きこそ物の上手なれ、好きなればこそ、飽きずに努力するから、遂にその道の上手となるのですから。

　そんなオイラの紙様の中で、ちょっと変わった物をお見せしましょう。一昔前にはどこでも見かけた封印シールです。濡らして貼るということだけじゃなく、どことなく切手にも通じるような雰囲気を感じませんか。デパート、老舗商店から一般の商店、また商品に貼られていたものまで何でもかんでも捨てられずに残してあります。その数、数万枚といってもオーバーな表現じゃないほどジャンル別に貼り込んで保存しているのです。

　本来、シールとは、印、印章、封印、封緘紙のことで、SIGILLUM(ラテン語)と同義です。押印するもの、すなわち印鑑、あるいは印それ自体を表すとされてるので、印鑑に匹敵するほどのものなのです。商品の内容を保証し、客に信頼される証でもありました。特に、デパートや老舗のシールが貼ってあるだけで、贈り主の人柄までも表しているような、そんな役割も果たしていたのでしょう。

　我が国のシールの最初は、明治45年(大正元年)、四谷大番町にあった「尚山堂」が、ドイツのケーゼ社よりシール印刷機を輸入してシーリング・スタンプの製造を開始したのが始まりとされています。そのきっかけは、イギリスのジョージ5世の戴冠式に天皇陛下の御名代として殿下が渡英する際に、宮内庁からの贈り物を保証するため創られたといわれていますが、その現物がどのようなシールだったのか、未だにお目にかかったことはありません。ただ、大英博物館の東洋ブースの中に、明治天皇から贈られたとされる扇の箱に菊の御紋章のシールが貼られているのを見たことがあります。もしかしたらそれがその時のシールだったのかも知れませんね。とはいえ、それがもし市場に出回ったところで、それに価値を見出す人は少ないでしょう。

　コレクションというのは、騰貴を目的にしては成り立ちません。ここで紹介する可愛いシール達には市場での価値は認められていませんし、博物館や資料館でも見たことがありませんが、あほまろは祖父の時代から捨てずに残されてきた商業史の一証人と思って大切にしているのです。

　今でも、このシールはその形状を変えて存在しています。包装や紙袋に貼るセロテープがその変わりになってしまったのですが、それだって１００年も経てば商業史の一環として博物館に飾られているのかも。そんなことを思いながら、誰かが残しておかなくっちゃと、今でもせっせと集め続けているのです。

老舗デパートの封印シールから

高島屋

三越

松屋

大丸

松坂屋

地下鐵ストア（上野）

東横（後の東急）

今は無き老舗デパートの
昭和初期の白木屋です。

伊勢丹

京都大丸

＊円形のシールは食料品とかお菓子の包装に使われていました。

増田屋
三島 TEL 734
THANK YOU
Olympic
GINZA
TOKYO
KOMATSU STORE
小松ストアー
Cleaning
クリーニング
ISETAN
SHINJUKU TOKYO
有隣堂
YURINDO
EITARO
MAIN SHOP
RENOWN
GINZA SHOKUHIN CO. LTD
銀座食品
TEL (57) 0291
HERMON CLEANING
HAKUYOSHACO.LTD
MARUSIN
Dry Cleaning
CORD
HAKATA
MARK
Silk Sewing Thread
昭和絹ミシン糸
竹山和洋菓子店
観音前
清酒
二級
KANKOGAI
YAESUGUCHI
OKADAYA
DEP'T STORE
MKD
DEP'T
別撰

matsuzakaya
COW BRAND
SAITO
EITARO
東洋美装店
木村家製パン
青山二丁目外苑前
田原屋
服地、洋品、毛糸
Maruei
NAGOYA
GINZA NO TODEN
DAIKOKUYA
渋谷 丸南
洋装生地洋品雑貨
BREAD
HORSE'S HEAD
TRADE MARK
Tenmaya
KOMIYA
ŌMUTA
MATSUYA
横山安五郎商店

安上がりのコレクション「箸袋」

オイラの紙様コレクションの中で全く自慢できない物の自慢をしようかな。なんとなく集まってしまったというか、まとめ買いした紙の束に混じって、整理されずに眠っていた「箸袋」だ。

かつて、新聞（毎日新聞2005年12月15日付朝刊）に「日本最古の割り箸の記録が発見された」という記事が載っていた。

それまで割り箸は、江戸時代の寛政年間（1789〜1801）に製法が改良され、幕末に利休箸が考案されて名が広まり、明治以降、全国に販路が広がったというのが通説だったが、それよりも80年も前の宝永6年（1709）に奈良県下市（しもいち）町ですでに作られていたことを示す古文書なのだ。これは大発見なのかもしれないぞ。

しかし、オイラにとって割り箸がいつ作られたのかなんてことには全く興味はない。しかし、それを入れる袋だけは大量に持っている。中でも一番古いと思われる物は明治期の木版刷2度刷りの秋葉山の料理屋の物だよ（左ページ）。裏には鉄道と距離を表す地図まで入っている。同時期の他の物にも同様の地図があるところを見ると、これが当時の箸袋の標準型だったのだろうね。

箸袋は「折形（おりかた）」の一種として普及していった。「折形」とは、日本古来から伝わる習わしのひとつで、季節の折々に贈り物をするさい、和紙でモノを包む礼法。時代・流儀などによっても種類が多い。お年玉のように丸ごと包んで中を見えなくするものから、草花、手ぬぐい、反物などのように、中身が何かを見せるものなど様々だ。どれも、大切な人に礼節をわきまえ心を込めて贈る印なのだろう。

そんな大切な意味を有する箸袋、正月の休みを利用してどんな物があるのか整理をしてみた。ほとんどが何処

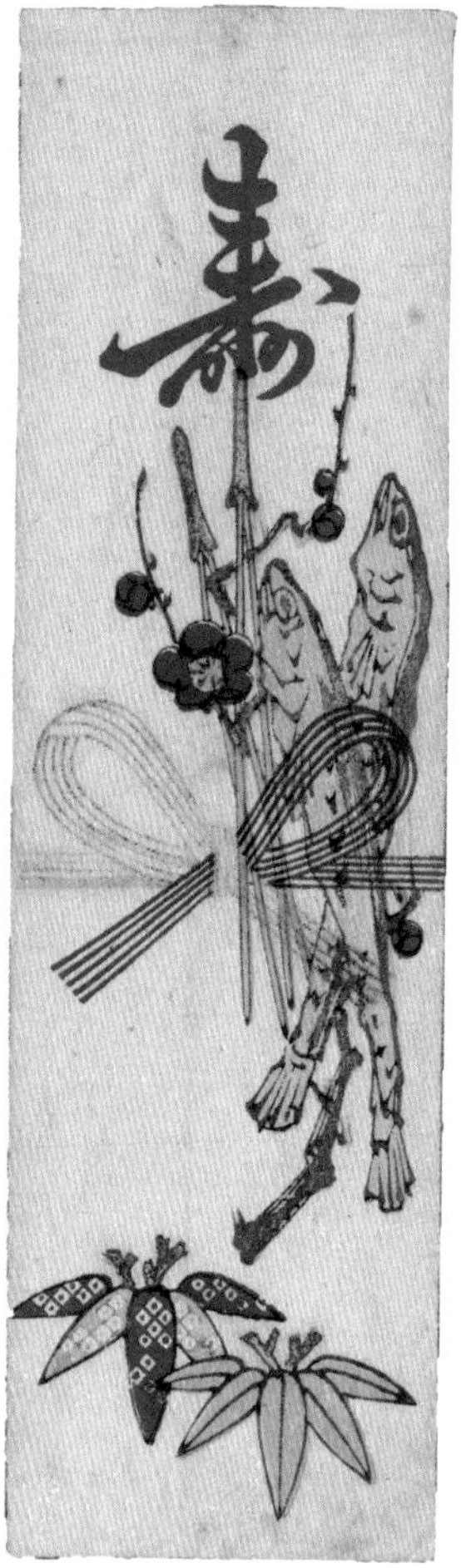

明治時代の結婚式に使われた箸袋。多色刷りの木版画によるもの。

こんなのも出てきました。白木屋呉服店が、明治36年の新築落成時に配った幕の内弁当に付いていた箸袋です。これって、お宝かな？

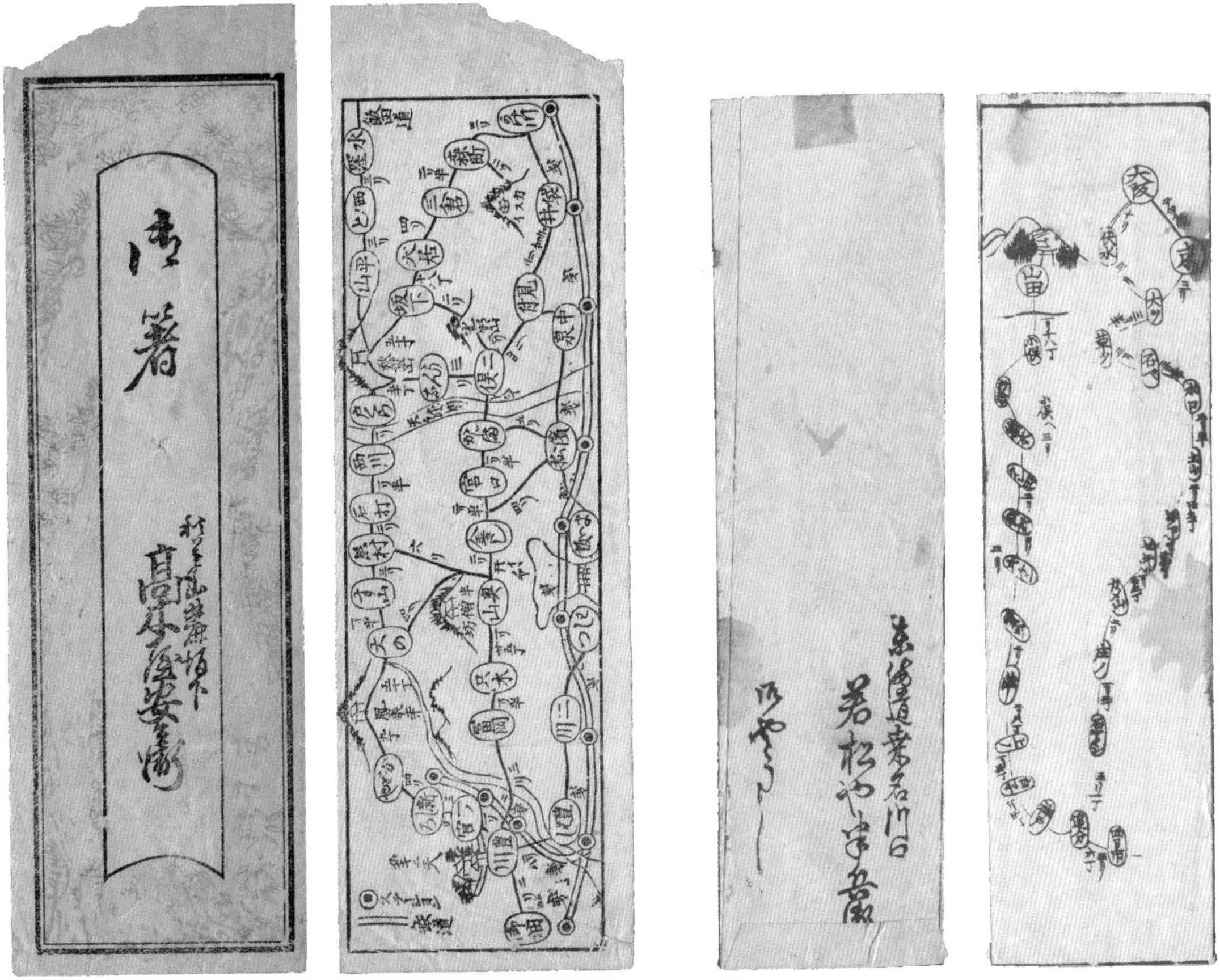

明治期の木版刷りの箸袋。お店の名前（秋葉山麓・高木屋安兵衛、東海道桑名川口・若松屋半兵衛）からして高級料理屋さんと思われる。各宿場までの距離が書かれているのは、旅人への配慮だったのだろう。

かに紛れ込んで集まって来た物なのだが、自分で持って帰った物も2割ほど混じっている。正当派はいわゆる食堂系、ちょっと凝ったのには中身が落ちないような片折れ型や両端密封型、箸の先端だけを覆う三角型から、最近ではビニール製で「つまようじ注意」表記の物まで、デザインも縦型、横型、見開き型と様々なのだ。ジャンル別とか料理内容別など、色々分類を試みたのだが、まとまりがつかない。それよりも自分で集めた物の一枚一枚が過去の思い出となっていることに気付いたのが最大の成果だね。

オイラの最初のコレクションは、なんと中学の修学旅行で泊まった京都と奈良の旅館の箸袋だったよ。ちゃんとメモ書きまで残っている。なぜか、当時好きだった子の名前も記されていて驚いたけどね。

骨董屋やオークションで集めるまでもなく、誰でも簡単に始められるお金のかからないコレクションを見付けた気分だったね。日付と食べた料理の感想、また同伴した人の名前等と共に、人生の思い出コレクション、楽しいよ。でも…、同伴者でトラブルにならないように（笑）。

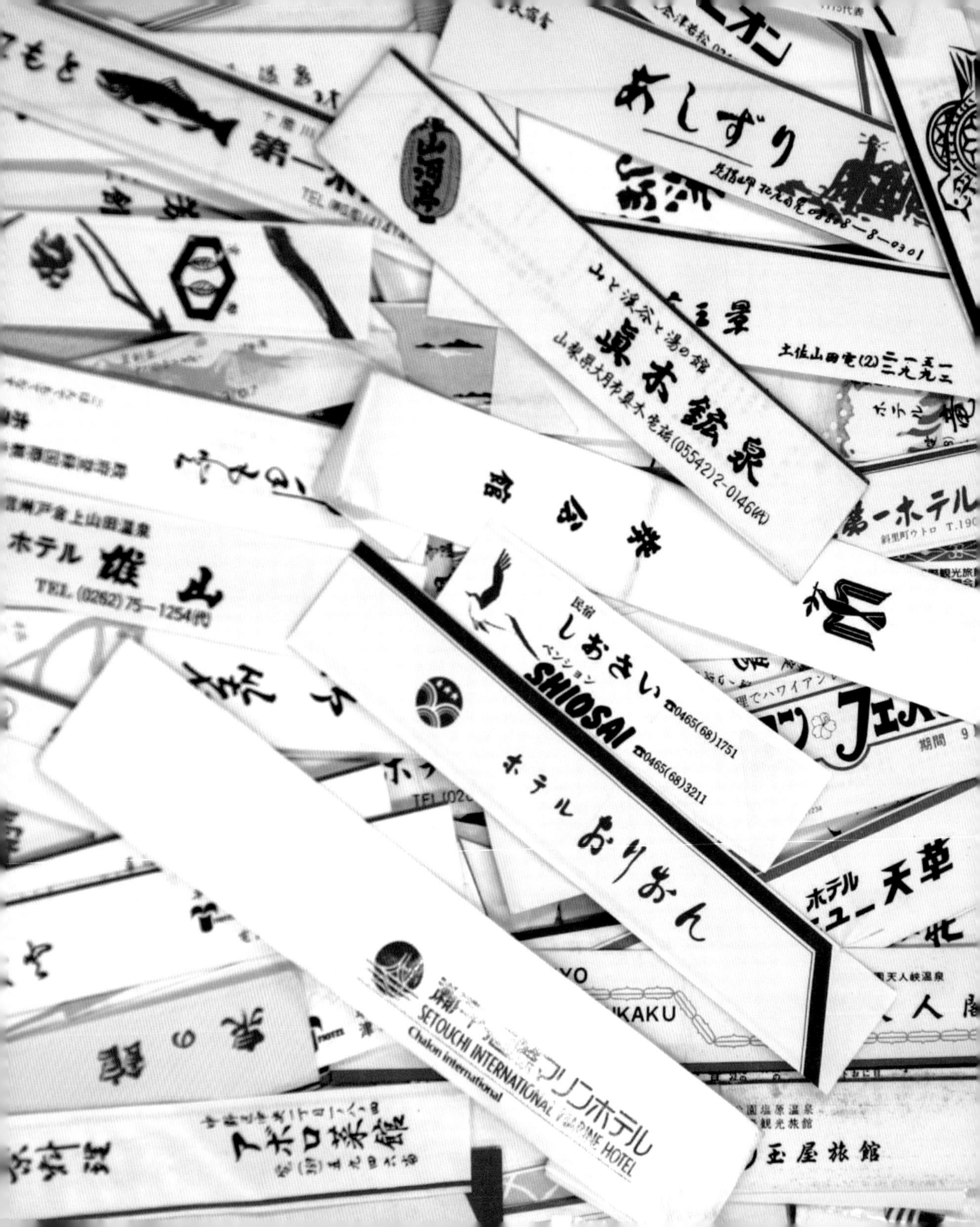
あしずり
山と渓谷と湯の館
真木鉱泉
(0554 2)2-0146(代)
民宿
しおさい
ペンション
SHIOSAI
☎0465(68)1751
☎0465(68)3211
ホテル
おりおん
ホテル
雄山
TEL.(0262)75-1254(代)
第一ホテル
斜里町ウトロ
SETOUCHI INTERNATIONAL MARINE HOTEL
ホテル
ニュー天草
玉屋旅館
アポロ荘館

洋食
浅草千和横町
ぱいち
季節料理
京
中国料理
中國料理
RESTAURANT SHISHILIN
Seventh Heaven
東京大飯店

小学校低学年の頃に夢中になった丸メン。

メンコ、オイラの時代

　オイラは子供の頃の宝物を引っ張り出すと、幼き頃の臭いと共に、今は亡き両親との想い出までが蘇るんだよ。オイラが今でも大切にしている宝物はメンコ。それも、当時誰よりも強かった全体がロウでコーティングされた最強のメンコもちゃんと現存しているのです。当時、ひたすら強いメンコが欲しくて、ロウを塗ったり、何日も水に漬けたり、意味もないことをやっているのを見かねた負けず嫌いの父親が、ストーブの上に網を置いてまるでお煎餅を焼くかのようにロウを塗り固めて作ってくれたのです。それが話題となって、隣町からも勝負を挑んで来る奴がいたっけ。奴らも強者で、2枚重ねにしたインチキメンコなんてのも持ってきたけど、絶対に負けなかったよ。

　小学生低学年の頃は丸メンが主流でしたが、5年生の頃になると、「丸メンなんか田舎者が使うものだ」。近所のお兄さんたちからバカにされて以来、すべてが角メンに変わったのでした。丸メンと角メンを混ぜて遊ぶことはなく、どちらで遊ぶかを決めてから勝負となるのです。遊び方は全国どこも一緒、自分のメンコをパッチンと相手に打ち付けて、相手のメンコを裏返しにする「起こし」って遊びです。それにも、「ほんこ」、「うそんこ」とあって、「うそんこ」は小さな子供や弟たちと賭なしで遊ぶ時。「ほんこ」は当然相手のメンコを貰ってしまう博打なのです。「ほんこ」では、お気に入りのメンコは絶対に使わず、父が作ってくれた最強メンコだけで戦ったのですよ。

　メンコには「起こし」以外に、枠の外に出す遊びや、重ねたメンコの真上だけを裏返すと全部貰えるなんてのも遊びましたね。また、表面に書かれた庄屋・鉄砲・狐の「鉄砲拳」ってのも遊びました。庄屋は鉄砲に強く狐に弱い、狐は庄屋に強く鉄砲に弱い、鉄砲は狐に強く庄屋に弱い。これは明治時代から遊ばれていたジャン拳なのだと近所のおじさんから教わったっけ。

　オイラの子供時代もいじめはありましたが、今のように一人の人間を死に追いつめてしまうってことは絶対にありませんでした。メンコの買えない遊

これですよ。これで英単語を覚えたのです。でも、よく見るとローマ字もあったのですね。

び仲間の子供たちとは、牛乳の蓋とか、瓶の蓋とか、釘なんかをメンコ変わりに遊んだのです。その中でちょっと裕福な子供からは、少しばかりズルして巻き上げる。今回、久しぶりに引っ張り出したメンコ。あの時、ズルして手に入れた野球メンコや相撲メンコを見付けて反省。いじめてしまったことは今さら取り消すことはできませんが、懐かしいメンコのおかげで、当時の友人のことを思いだしたのです。これを機会に手紙でも書いて謝らなくっちゃ。

　また、メンコは勝負するだけじゃなく、当時の子供たちにとっては重要な情報源でしたよ。たとえば、学校ではまだ英語を習っていないのに、メンコの単語は全部覚えたし、まだテレビが普及していない頃だって、野球選手や相撲取りや話題の芸人さんたちの顔を覚えるプロマイドのようなものだったのです。

　当時の手垢と泥まみれになったまま、集めるために集めた訳じゃないのですが、オイラの息子が使っていたものまで保存しているのです。これらも、大切な紙様としていつまでも残しておきたい宝物ですね。

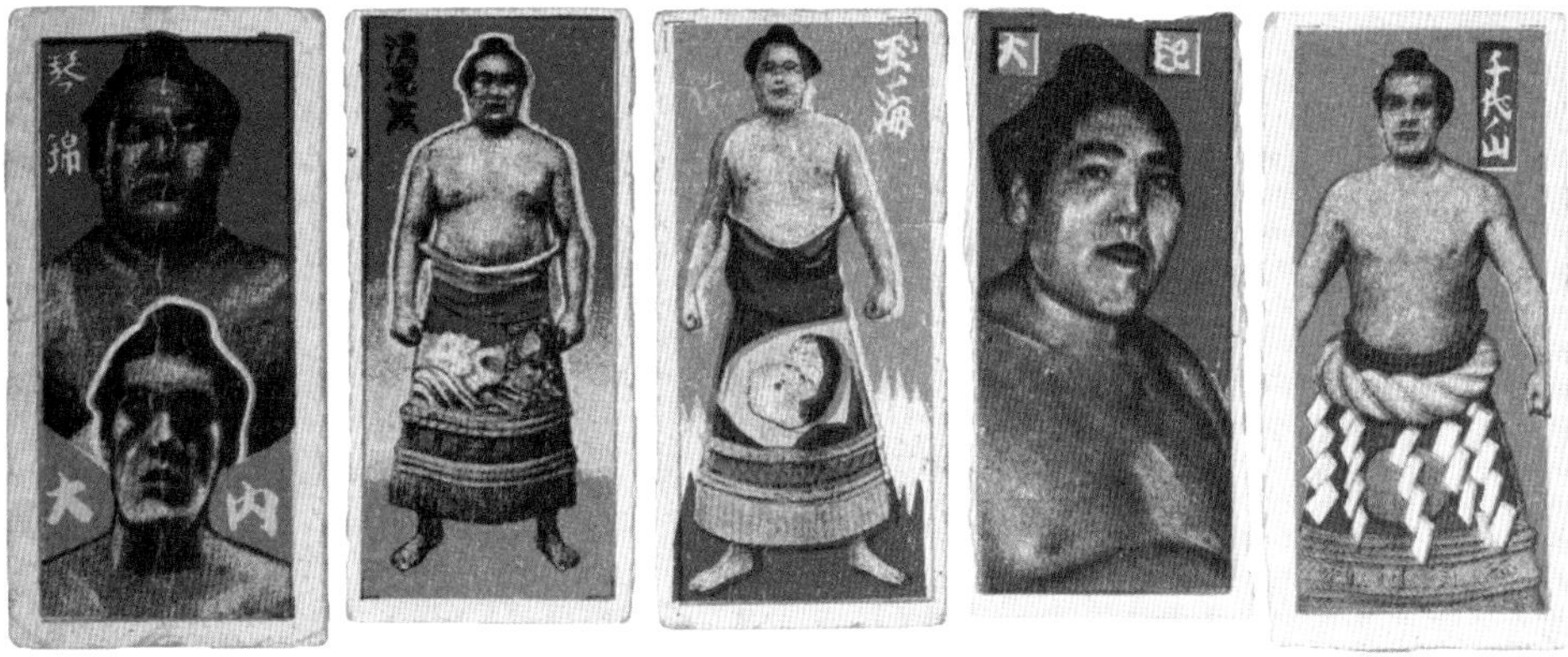

オイラの時代は大鵬・柏戸にも掛かるのですが、なぜか残っていないのが残念です。

メンコ・コレクション

丸メン

エノケン・エンタツ・シミキン・ロッパ。みんな浅草の最盛期に活躍した芸人なのですね。

シミキン

ロッパ

角メン

太陽のロビンス・東急の大下なんて懐かしい名前もありますね。当時のオイラは阪神ファンで藤村のメンコをいつも持ち歩いていたのです。

薬のネーミングがユニークな奈良の風邪薬「かぜ・づつう　桃色プロマイ散」はオイラのお気に入り。

ケロリンの類似品。紙面の都合ですべてをご覧いただけないのが残念です。

←本物のケロリン

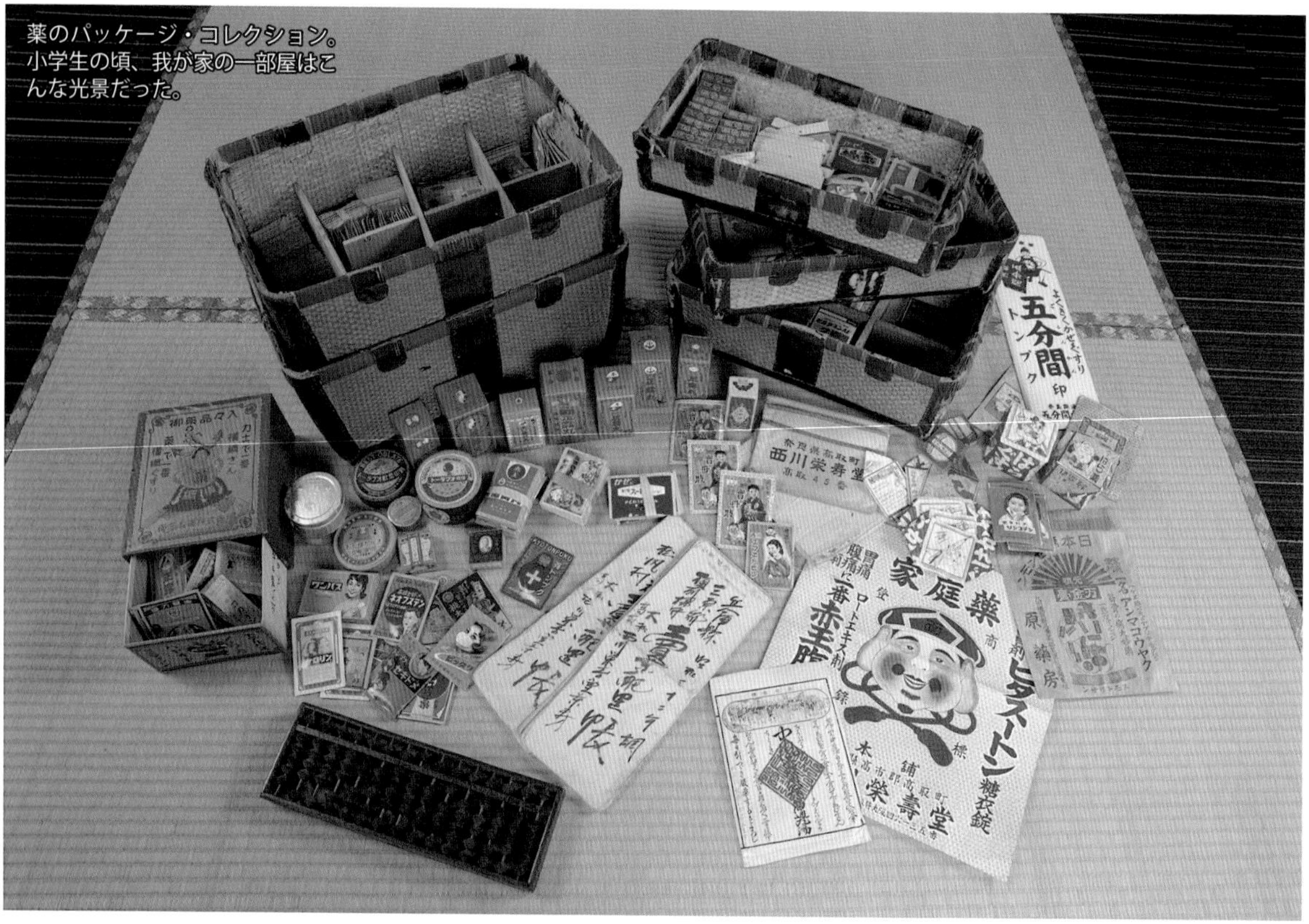

薬のパッケージ・コレクション。小学生の頃、我が家の一部屋はこんな光景だった。

いかにも効きそうでレトロなネーミングに魅せられて

オイラのコレクションルームで、一際目立っているのが、部屋中に貼られたホーロー看板と、薬箱の山です（次㌻参照）。紙物ばかり集めているオイラがなぜホーロー看板まで集めているのかというと、薬袋という蒐集ジャンルに関わっていて、ホーロー看板の宣伝で一番多いのが薬品類と酒類なのです。みなさんも、水原弘と由実かおるの殺虫剤と蚊取り線香、大村崑ちゃんのオロナミンなどなど記憶に残っている看板も多いことでしょう。

薬といえば、あのレトロなパッケージといかにも効きそうなネーミングが多いですね。中でも、ご存じ、歯と頭を痛がっている男女をあしらった「ケロリン」には、多くの類似品が出回っており、それらを集めるのも薬のパッケージの楽しみなのです。「ヒロリン」「ケロゲン」「ケローリ」「ケロトン」「ケロチン」「トモリン」「ヒロリン」「ケロール」等々、オイラの友人の庶民文化研究家、町田忍に至っては、「ケロリン」や「正露丸」など有名薬品の類似品を夢中で探し回っているんです。

彼によると、「人気のある商品の運命として必ず、類似品が発売される運命にあります。ケロリンも同様に数多くの類似品が発売されました、特に戦後の混乱期から昭和30年ころまでは同名のものも出たりしました。そのつど内外薬品は抗議をしたりその対応におわれましたが、現在に至っては商標としても認められ同名の薬は姿を消しています。」とさ。

薬のネーミングでユニークなのが、奈良の風邪薬ですね。「トンプク五分間」「トンプク三十分」、これって服用して効果が出る時間を表しているのでしょうかね…。中には分かり難い薬に「ラレー」「ロチン」「ワンピーク」「ハイニュウベリン錠」なんての、何の薬かを併記しなければ全く判りませんよね。オイラのお気に入りは、間違ったローマ字表記がいっぱい詰まった「かぜ・づつう　桃色プロマイ散」かな（笑）。

オイラの子供時代、北海道の実家が富山の売薬行商の中継所になっていたこともあり、毎年決まった時期に訪れて来る行商人からいただく紙風船を心待ちにしていたのです。行商人が古い薬を引き取ってくると、我が家から再び富山に郵送するお手伝いをするたび、古い薬のパッケージを貰うのも楽しいことでした。オイラが集めているのを知って、来るたびに他の会社のパッケージやパンフなども持ってきてくれたのです。当時の物は、今も大切に持っています。特に好きなパッケージは、行商人が会社の倉庫を整理して見付けたと送ってくれた明治初期の薬類です。それも中身が入ったままなのです。古い小さな瓶に入った薬や、貝殻に入ったものまでありました。絶対に服用しないようにと、注意書きが添えられていたのを今も鮮明に覚えているのです。

このほかにも、薬の宣伝ポスターや、製薬会社が配った「喰い合わせ表」なども楽しいですよ。今でも富山に行くとおみやげ屋さんで様々な薬が売られています。実用と趣味を兼ね備えた薬袋の収集、みなさんも始めてみませんか。

上はホーロー看板のコレクション。薬品類の看板もけっこう多い。下は富山ほかの売薬行商の薬箱コレクション。

第二章

美人舶来
――明治・大正の美人と最新洋風モード

右・明治30年代の新風俗、自転車に乗る女性。
左・いつも笑顔の芸者、時松。

前振り対談2

絵葉書いろいろ

あほまろ

×

編集長
ひらりん

あほ（あほまろ）　絵葉書は言ってみれば、浮世絵の後継なんだね。庶民の興味の対象を次々と先取っていくメディアなので、ありとあらゆるテーマが見出せる。美人、こども、動植物、交通、広告、風景、そして年賀などなど。それが絵葉書の魅力。

ひら（ひらりん）　連載でも多種多様な絵葉書を取り上げましたね。普通であれば絶対に紹介されることのない、不可思議な絵葉書ばかりの「アナザー・サイド・オブ・絵ハガキ」という連載も。

あほ　そんな絵葉書をオイラは「まぬけもの」と呼んでいるんだけど、連載で取り上げた「笑ひ」ね、実は「プチプチ潰し」って名付けてるの。ほら、手にした人が必ずプチプチやって潰してしまうエアーパッキンみたいでしょう。写っている人の数を数えてみたら、総勢593人もいて、その全員が大笑いしているのね！

ひら　中央やや右上の校長先生らしき人が忘れられないです。

あほ　拡大してみると、ひとりひとりの表情が楽しいよね。この絵葉書、オフセットのような網点を使用しないコロタイプ印刷なので、かなり拡大しても画像が保たれるんだ。

ひら　連載では、季節を取り上げた絵葉書をめぐって、紙の情景を辿る「いにしへの絵はがき季候」もやりました。

あほ　あの連載も楽しかったね。オイラの幼い頃、秋の野の果実で最高の御馳走がコクワ。その話をするのに、「栗拾い」の絵葉書を取り上げたりしたっけ。

ひら　そういえば明治の絵葉書には、美人とともにこどもを写したものが多くありますね。

あほ　そうなの。絵葉書の大きなテーマになっていて、蒐集家の間でも人気が高いんだ。

ひら　さて、話題は尽きないいんですけど、第二章「美人船来」は、明治・大正の美人と最新洋風モードがテーマなんですよね。

あほ　つまりは当時の最先端が描かれているわけで、時代を語る貴重な資料にもなっている。

ひら　ただ、この連載のスタート時には、タイトルをどうしようか、ずいぶん悩みました。

あほ　事務所で延々と議論したんだけど、どうにも決まらない。

ひら　それで、あほまろさんが続きは呑み屋でやろうよ！と言い出して、浅草の「くじら屋」に。

あほ　でも、呑むうちにタイトルのことなんか、どうでも良くなってきたところに、噺家の立川談奈（注）がお店に入ってきた。

ひら　酒席の話題に、連載タイトルの決まらないことを振ると、彼が「どんな内容なんですか」と聞いてきたんでしたよね。

あほ　うん。明治・大正の美人絵葉書のなかから、最新の洋風モードを選んで、時代背景を語ろうって筋書きなんだと説明したところ、彼は「美人船来」って即答した。あれは、お見事！って言うしかなかったね。

ひら　そして、本書の第三章は、かの宮武外骨が辣腕を振るった滑稽新聞別冊定期増刊「絵葉書世界」からのピックアップ、「滑稽怪（け）だらけ」。

あほ　宮武外骨の「頓知」と「滑稽」には、ほんとはまったね。入獄、発禁、罰金刑をものともせず、強烈な風刺を撒き散らした。あの人生はほかに比べるものがないね。宮武先生のおかげで、多少の洒落なんぞでは驚かなくなってしまったよ。

ひら　それでは、読者の皆さんにも、本書で絵葉書三昧を楽しんでいただきましょう。

「栗拾い」。明治40年頃の絵葉書。季節をめぐる絵葉書連載で、大好きだった秋の自然のおやつ、コクワを語った際に登場。

（注）立川談奈：浅草に在住する数少ない噺家のひとり。当時は二ツ目で、師匠・立川左談次から譲り受けた談奈を襲名していたが、２０１５年、真打昇進とともに立川左平次に改名した。

明治末から大正初期頃のものと思われます。タイトルは「笑ひ」。京部市中立小学校とありますが、おそらくは「京都市中立小学校」の誤植。

上の絵葉書・中央やや右上の部分拡大。子供たちに混じって大きな口を開いて笑っている人物、校長先生かな?

絵葉書世界収録の絵葉書より「男女着眼の相違」。第17巻、明治41年9月号。

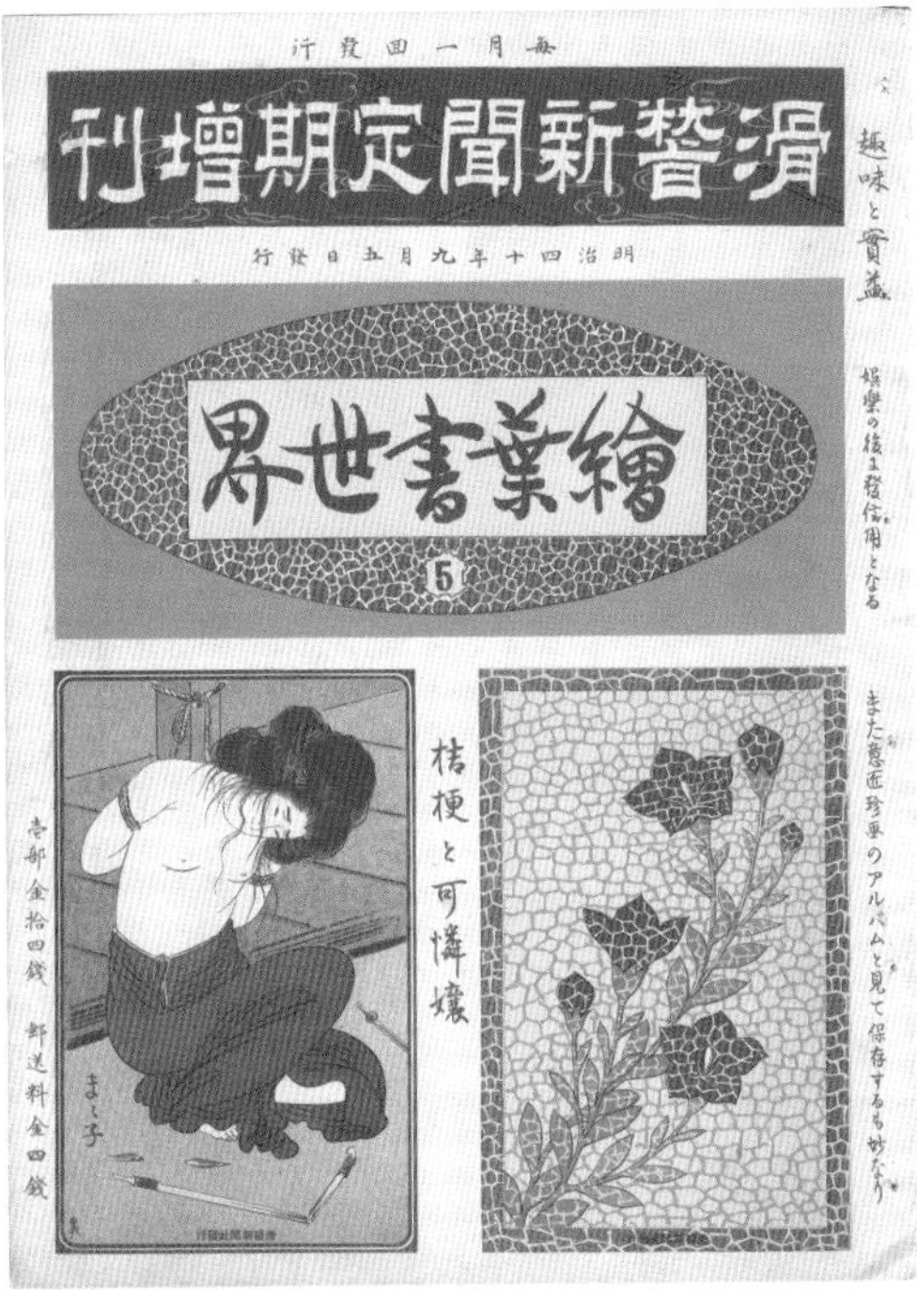
毎月一回發行

滑稽新聞定期増刊

明治四十年九月五日發行

繪葉書世界

5

趣味と實益

娯樂の後ハ發信用となる

また意匠珍奇のアルバムと見て保存するも妙なり

桔梗と可憐孃

壱部金拾四錢　郵送料金四錢

まと子

初期の絵葉書世界の表紙。第5巻、明治40年9月号。

イタリア・トリエステのワイン会社のコマーシャル絵葉書で笑顔を振りまく時松。

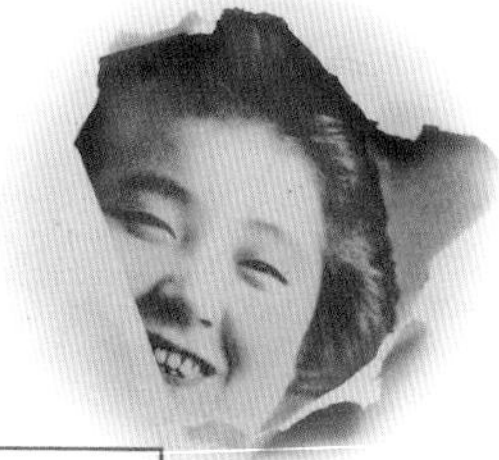

絵葉書の時松の笑顔から。

はいチーズ!

外国人から見ると、日本人はむやみに笑う国民だと聞いたことがあります。外国人観光客の多いここ浅草でも、よく外国人に話しかけられて意味が判らず、ただニコニコ、そんな光景を目にします。きっと、彼らの目には、日本人は奇異な存在と思われているのでしょうね。でも、何を言われても、笑顔の方が印象は良いんだよね。

　それとは裏腹に写真を撮られる時は、生真面目な表情になってしまうのも日本人の不思議な特徴なんだよな…。オイラの絵葉書コレクションの明治の女性ほとんどが、まるで仏像のように無表情なのも気になりますね。しかし、そんな明治の美人絵葉書の中にあって、丸ぽちゃんでいつも笑顔の少女が存在します。

　横浜写真館のモデルをしていた芸者・時松さんです。明治時代の写真は湿板写真の時代ですから、露出には数秒かかったので、どのモデルも露出中は息を止めていたため、苦虫を噛み潰

した表情になってしまうのです。しかし、この時松だけは息を止めても自然な笑顔が得意技。笑顔の写真がほとんど存在しない中での貴重なモデルでした。

　日本女性の珍しい笑顔写真は、当時の外国の広告にもいっぱい登場しています。右ページの絵葉書はイタリア・トリエステのワイン会社のコマーシャル絵葉書です。

　ところで、日本人が笑顔で写真に収まるようになったのはいつ頃でしょうね。オイラは、アメリカの占領軍の兵士たちが日本各地で、俺たちは勝ったんだぞ～、の記念撮影に起因しているのかも知れないと思っているのです。ギブミーチョコレート時代に、何度も目撃したvictoryのVサイン。きっと、その格好を見た日本人が、写真を写す時にはそうするものと勘違いしたのかもね。それが、いつの間にかvictoryからpieceサインへ意味が変わっていったのでしょう。

　最近では、簡単に撮れる携帯電話やプリクラの影響で若い子たちがカメラの前でも、自然な笑顔やポーズをつくれるようになりましたね。でも、オイラたちおじさん族はダメ。笑顔をつくったつもりでも、結果はすべて引きつった顔になっているんだよな…。

　先日、運転免許の更新時に、アメリカでは身分証明書や免許証のたぐいの写真が、みんな笑顔で写っているのを思い出し、カメラに向かって渾身の笑顔をしてみたら、係官に笑わないでくださいって叱られた。はいチーズ。写真の笑顔も舶来だよね。

ビール

わが国では慶長18年（1613）、長崎県平戸市に渡り、享保9年（1724）に、オランダの商船使節団が江戸に入府した際、八代将軍吉宗様にビールが献上された記録が残るけれど、吉宗様の最初の一口、たぶん苦くて不味い飲み物だと吐き出してしまったに違いないよ。

日本人によって本格的にビールが製造されたのは、諸説はあるけど、なんといっても本格的な販売は、明治9年（1876）に官営事業としての、北海道開拓使札幌麦酒醸造所「札幌ビール」からでしょうね。その頃から、日本人とビールのお付き合い、「まずはビール」のさきがけになったようですよ。苦くて不味い飲み物も、普及するのは早かった。明治20年代には、今に残る有名ブランドのほとんどがこの頃に出揃った。

でも、やっぱり国税は黙っていなかった。それまで、清酒にのみ課せられていた酒税を、ビールにも酒税適用することになった途端に状況は一変する。酒税法で定められた最低製造数量基準を満たすことができない中小の醸造所は相次いで倒産、または大資本へと吸収され、ビール業界は再編されることになった。そのため、明治39年（1906）には、日本麦酒、札幌麦酒、大阪麦酒が合併。「大日本麦酒株式会社」として、ブランドを統一することになってしまった。

上の絵はがき、サッポロ・ヱビス・アサヒと、ビールや清涼飲料水を並べ、新規統合ブランドが一堂に会した貴重な記録。しかし、これらのブランドが再び別会社になるのは、第二次世

扇風機

日本最初の扇風機は明治27年（1894）、アメリカのゼネラル・エレクトリックの技術で、東芝の前身である芝浦製作所が発売したものが最初でした。左の絵はがきがまさにその頃のもので、扇風機の中心に「GE」マーク（下）が読み取れる初期製品です。カタログには、「一尺前に茶碗氷を配すことで、室内に冷気をもたらす」とも記され、カタログ通りの演出が愉快ですよね。しかし、当時の「氷」は、かなり高級品、冷房に使うなんて一般庶民には出来なかったでしょう。とはいっても、扇風機ですら庶民には高値の花でした。

日本人の握手

いったい日本人はいつ握手をし始めたのか…。それは明治35年（1902）の「日英同盟締結」に起因していたんだね。ロンドンでの日英同盟調印時、日本代表は特命全権公使 林 董（はやしただす）、イギリス代表はランスダウン侯、この二人の握手姿が新聞で紹介されたのが最初とか。

しかし、握手ってのは難しいよね。いつ、どのタイミングで、どちらが先に手を差し出し、どのくらい握れば良いのか。ともかくも、当時の文化人を中心に、一種のブームが巻き起こったそ

界大戦後。産業界の独占・寡占の一掃を図って、集中排除法を制定させるとのGHQの指導で、ビール業界も集中排除の対象となって分割されてしまったんだ。

さて、原稿書きも終わった。ビールを題材に書いていると、無性に飲みたくなってしまったよ…。今夜も、「まずはビール」にしようかな。

写真機

オイラの写真の師匠は、八ッ目ウナギ屋さん…って、何も不思議じゃないのです。八ッ目ウナギ屋のご主人の趣味が高じて、「八ッ目ウナギ屋兼写真屋」でしたから。

ご主人がいうに、八ッ目ウナギは「目のビタミン」、食べると目が良くなるんだ。カメラのように、近くのものから急に遠くを見ると、焦点が合いにくくなるのも八ッ目ウナギが防いでくれる。それで写真屋…。オイラがあまりにも写真に熱心なので、八ッ目ウナギ屋のご主人から、「ミズホシックス」という中古のカメラを頂きました。それがオイラの初めてのカメラでした。

さて、右の絵はがきは、大正初期の京都舞妓さんシリーズの中の一枚。この頃はすでにシャッターが内蔵され、既製品の乾板が使え、このように女性でも手持ちで撮影が可能になっていたのです。それによって、いろいろなデザインが激増した時代が知れる貴重な一枚です。

うだよ。絵はがきやマッチのラベルにも描かれ、握手が文明開化の証とされたのでしょうね。

そもそも本来の握手とは、ヨーロッパのような陸続きで、言葉が通じない方との交流において、敵意のないことを示すために利き腕を差し出したことが始まりのようです。しかし、それだけじゃ安心できないのか、相手の目を見つめ合うのが礼儀。目を反らしながらの握手は、敵意がある証拠とされてたんだよね。ところが、我々日本人は握手に慣れていないので、相手が手を出しているのに気づかなかったり、お愛想程度に軽くその手を掴んだりして、恥じらいながら頭まで下げてしまうんだよ。それは、ビジネスで外国人との握手に慣れている人でも、うっかりすると会釈をしながら握手してしまうって聞いたことがあるよ。会釈をすると、当然相手から目をそらしてしまうんだ。

でもね、握手って病原菌を拡める行為じゃないのかな…。止むを得ず握手することがあるけど、オイラはその後手を洗うまで、ず〜っと気持ち悪いんだよ。特に大勢の人と握手をしなければいけない時なんかにね…、なんて考えてしまうと、ビジネスのことなんかどうでも良くなってしまうんだよね。よくわからないけど、オイラは日本で握手の習慣なんて、根付いて欲しくないかも…。(この文章、10年前のものだけど、コロナ禍の予感だったのかな?)

洋装姿の八千代(左)と若き日の八千代(右)。マンガ家岡本一平は、二重にくびれ居る二重まぶたは微紅を帯び、あたかも春花の柔らかく、また温かく、睫毛にそうて香りかかり、乱れかかり、えも言へぬ美形と、八千代を凝視したとか。

美人薄命・塞翁が馬

昔々の大昔、中国の北の方に占い上手な塞翁（さいおう）と呼ばれる老人が住んでいた。ある日、大切な馬が逃げてしまったのじゃが、「このことが幸福にならないとも限らない」。馬は隣国から駿馬を連れて帰ってきたのじゃ。塞翁の息子が、その駿馬に乗って落馬し、足を骨折したときも、「このことが幸福にならないとも限らない」。それで徴兵を免れて、命を落さずにすんだのじゃった。人間、良いこともあれば悪いこともあるというたとえ。不幸にくよくよするな、幸せに浮かれるなという教訓じゃな。

考えてみたら、オイラの人生の転機でも、「塞翁が馬」が姿を現わすんだよな…。この章のタイトル「美人舶来」の顛末しかり(38ページ参照)、「明治の三名妓」と浮き名を流した、大阪富田屋「八千代」絵はがきの入手も、語れば長くなるけど、オイラが瀕死で入院中に、医者から頂いたもの。これを見るたびに、

「塞翁が馬」が、姿を現すんだよね。

　富田屋の八千代さんの人生もまた、「塞翁が馬」なんだよな…。大阪南の富田屋から、13歳で芸妓「八千代（やちよ・本名遠藤美記）」として花街デビュー。その美ぼうと抜群の遊芸ときっぷの良さが評判となり、明治40年（1907）の「名妓評判記」には、東京赤坂の萬龍（まんりゅう）、京都祇園の千賀勇（ちがゆう）と並んで、大阪富田屋八千代が、「日本三名妓」として、堂々のランク入りをしているんだよ。

　あの松下幸之助が、まだ大阪電燈会社に勤めていたころ、富田屋からヒューズがとんだと修理を頼まれ、天井裏に潜り込んで埃だらけになって仕事を終えると、八千代が茶菓子と祝儀を包んで労《ねぎら》ってくれたことを、「顔が真っ赤になるほどうれしかった」と、後に自伝で語っているほど、浪速の若者にとって憧れの存在だったんだよ。八千代は、下働きの人たちにも優しく、新参の妹芸者を実の妹のようにかわいがった。そして、どんなに金を積まれても身請け話には応じなかったとか。

　大正6年（1917）2月、八千代29歳、周囲の猛反対を押し切って結婚。八千代が手鍋をさげて押しかけた男は、無名の画家 管 楯彦（すがたてひこ）39歳。しかし、芸妓の出であるがゆえ、菅家の人達とはしっくりした間柄とはいかなかったようだよ。それゆえに画伯の彼女に対する配慮は日毎に増し、「その時の菅先生の気の使い方は、女の私らでも気のつかない深いもの」と、後に他の芸妓さんたちが口を揃えて画伯を語っているほどなんだよね。

　「美人薄命」の宿命なのか、二人の結婚生活はたったの7年間で終わりを遂げてしまった。大正13年（1924）2月、八千代は腎炎のため39歳で他界。八千代の四十九日の法要が済むと、楯彦は、まるで霊がのり移ったような画筆と勢いで、「浪華」を題材とする絵画を描き続け、日本美術院恩賜賞を受賞。その後、大阪市名誉市民の称号も与えられ、昭和38年（1963）、享年85歳で八千代の元へ旅立った。

　楯彦が臨終の間際、「八千代の着物をかけてくれ」との最後の望みまで、親族の誰も聞き入れてくれなかったとか。そのことは、劇作家の郷田 悳（ごうだとく）によって、名妓「富田屋八千代」に書かれ、大阪の歌舞伎座で悲劇の生涯として上演された。

右ページと同じ洋装姿の八千代

八千代の手彩色絵葉書から

蓄音機

オーディオは団塊の世代のキーファクター。オーディオの言葉が出て、最初に触れた世代でしたからね。同世代の友人が「定年退職をしたら、絶対にオーディオルームを創るんだ」と、逢うたびに呟いていたのですが、退職金をつぎ込み、独立した子ども部屋を二部屋ぶち抜き、専門業者の施工で念願のリスニングルームを造ったのです。

そこにマッキントッシュ…、といってもパソコンじゃないよ、パワーアンプ・プリアンプの名器。スピーカーは、JBLの380ミリ径ウーファーシステム。特に凝ったのが電源装置とスピーカーケーブル。それだけで120万円もかけたとか。

総額850万円のオーディオルームではありますが、肝心の電源容量が足らず、エアコンを入れただけでブレーカーが落ちてしまうのが後の祭り。電柱のトランス増設に500万円はかかるとか。電源装置にも凝ったのに、そこまでの予算は考えてなかったんだよと、苦笑い…。

ちなみに同じく団塊の世代のオイラはというと、10年前に事務所を改造し、広々とした空間に、大型液晶テレビと7・1chサラウンドシステムを導入。我が三代目三遊亭圓歌師匠から「浅時庵」と、立派な名前まで頂き（前口上参照）、のんびりと至福の時間に浸れたのは…、僅か2～3年だったんだよね。なんたって、貧乏性のオイラ、広い空間を見

アルバム

明治も初期のころは、写真アルバムといえば、何も印刷されていない本のようなものに写真を糊などで貼り付ける、スクラップブック状のものでした。絵はがきの時代になると、定型の葉書サイズが納まるように、台紙に最初から差込スリットが付いたアルバムが登場しました。しかし当時の写真サイズは写真館によってまちまち、右の絵はがきに見るように、定型アルバム用の台紙付きで整理していたのでしょう。そんな古《いにしえ》のアルバムだって、もちろんオイラの蒐集ジャンルのひとつなのです。

コーヒー

オイラのカメラが突然40年ぶりに戻って来ました（下）。返してくれたのは学生時代の友人。

彼は、日本を脱出しブラジルに移住。ブラジル人と結婚してブラジル国籍を取得していたのです。移住当初は、酸性土壌で農業は不可能といわれた土地をタダ同然で借り受け、有機肥料を大量に投入した土壌改良に成功。おかげで、他のコーヒー農園とは比べものにならない良質なコーヒー豆が出来るようになって、ブラジル農林省より優秀農場にも選ばれたのだとか。

5年前、家族旅行で初めて日本に里帰りし、浅草へ行こうと、ネットで浅草情報を探しているうちに偶然見付けたのがオイラの「江戸ネット」。帰国後も浅草を懐かしんで見ているうちに、もしかして…と、あほまろの消息に辿り着く切っ掛けになったようです。逢って、謝ってからお返しするのが、礼

ていると、これもまた念願だった鉄道模型のジオラマに凝ってしまったのが運の尽き。部屋の半分ほどを占領されたおかげで、今では足の踏み場もないほどになってしまった。でも、ブレーカーが落ちることはないよ。

　さて、右の絵はがきは、「蓄音機」。初期の蓄音機はホーンが外に取り付けられているラッパ蓄音機がお馴染みですが、このラッパが邪魔。それではと、キャビネットの中にホーンを複雑に折り曲げた画期的なポータブル蓄音機が登場しました。

　お嬢様が得意そうに聞いているのは、明治43年（1910）4月、コロンビアの前身、日米蓄音機製造株式会社製のホーン内蔵型、記念すべき純国産1号です。軍艦行進曲などが収録されたレコード5枚が付属し、価格は35円。外国製蓄音機が高嶺の花だったのに対し、庶民でも手の届く給料一月分ほどの価格で、大ヒットを記録したのでした。

ビリヤード

　上の絵はがきはキャロム・ビリヤードに興じるお嬢さん。ビリヤードが日本に入ってきたのは、江戸時代で、伝えたのはオランダ人だったとか。長崎県の出島で、見学に来ていた日本人に母国の料理を振る舞いながら、ビリヤードを見せたオランダ人姿を描いた天明2年（1782）の「出島絵巻」に、日本人とビリヤードの出会いを見ることができます。しかし、江戸時代にビリヤードが庶民に広まることはなく、日本での初めてのビリヤード場の登場は、明治時代になってからでした。

儀…。ブラジル国籍を取得して30余年、彼の言葉の節々に、日本から消え失せてしまった言葉や仕草に、まるで浦島太郎と話しているような時間でしたよ。

　ブラジルと言えばコーヒー。コーヒーつながりで絵はがきを取り上げてみましょう。コーヒーを飲ませる喫茶店は、明治21年に東京下谷黒門町の「可否茶館」を皮切りに、相次いで開業しました。お客は、明治の学者や文化人達が多く、文学や芸術を語り、西洋思想を論ずる場でもあったようです。そんな中でも、パリの有名な喫茶店プロコックをモデルに造られた、銀座のブラジルコーヒー専門店「カフェーパウリスタ」。水上滝太郎、久保田万太郎、芥川龍之介、与謝野晶子、菊池寛などの文豪達や、劇作家の小山内薫、画家の藤田嗣治なども常連客でした。

　「カフェーパウリスタ」の宣伝コピーは、〝鬼の如く黒く、恋の如く甘く、地獄の如く熱き、珈琲〟。日本の近代文化の夜明けは本格コーヒーと共にあったといっても過言ではないでしょう。

　余談ですが、久保田万太郎の著述の中に、『三田から銀座カフェーパウリスタに、一杯五銭のブラジルコーヒーを飲みに行くことが「銀ブラ」の語源である』と、明確に書かれています。みなさん、「銀ブラ」の使い方にご注意ください。

　やっぱ、違いがわかる男は、インスタントコーヒーなんか飲まないよね。

上・新橋芸者ぽん太（左）と仲の良かったおえん（右）。最初に自転車に乗った芸者はぽん太、らしい…。ぽん太は才能と美貌で、「西に富田屋八千代、東に新橋のぽん太」といわれた名妓だが、ぽん太と自転車の絵はがきは見たことがない。
左・最初に自転車のモデルになった芸子の絵はがき。

女性と自転車

オイラが子どもの頃、自分専用のピカピカの自転車に憧れ、ようやく買ってもらったのが小学校5年生でしたよ。それまでは、父親の目を盗んで家の自転車を三角乗りで遊んでいたのです。ところで、三角乗りって知っているかな。まだ身長が低くペダルに足が届かないので、ハンドルと座席の間の三角のところから片足を入れ、自転車が倒れるほど斜めになりながらもバランスをとって乗ることなのです。

今では数千円で手に入る自転車ですが、オイラにとっては、生まれて初めての高価な物でした。それ以来、毎日の遊ぶ範囲も広くなって交友関係も増えて、生涯自転車を手放すことなんてないだろう、毎日磨きながらそんなことを真剣に考えたほどでした。ところが、子どもの頃の憧れは、年と共に新たな憧れに変化を繰り返し、バイクから車へと、どんどん興味が移り変わってしまったのですけどね。

我が国に自転車が登場したのは、江

自転車に乗る女性たち

戸時代末期頃とされていますが、きっと、今の高級乗用車よりも遥かに高かったはずですね。明治30年には我が国の保有台数が2万台を突破し、自転車取り締まり規制も公布されたのですが、和服が主流の時代の女性には無縁の乗物であったのです。

　しかし、初期の絵はがきの中に女性が操る自転車が多く登場しています。当時の流行をいち早く取り入れる、いわば現在のファッション誌の性格も有していた絵はがきの世界なので、きっと何か原因があるのではないか、女性と自転車を調べてみると、自転車文化センターのホームページにありましたよ。

　日本のオペラ歌手の先駆けとなった、三浦 環（みうらたまき）が、明治33年16才の時に、東京の虎ノ門から上野の音楽学校に自転車通学を始めたことが話題となっていますが、和服やスカートでも乗ることが出来るループ型と呼ばれる自転車が開発されていたのです。

　その頃の自転車の値段は、アメリカ製が215円でした。明治39年の巡査の初任給が10円、また大学の授業料が40円の時代であったといえば、いかに高価な物であったのかですよね。

　三浦 環の自転車が話題になったその年の11月には日本最初の女子自転車倶楽部「女子嗜輪会（しりんかい）」が発足、会員は上流階級の子女たちのステータスにもなっていたようです。女性に自転車が普及すると、芸子（げいこ）たちも当然乗るようになり、「芸者風情が走るようでは自転車の品が落ちる」と、明治37年には会の活動が停止してしまったとか。なるほど、頷けますね。

　オイラの絵はがきコレクションの中にも、自転車のモデルとなった芸子さんが大勢います。右ページの左側は、その中でも最初に自転車のモデルになったとされる芸子さんの絵はがき。でも、この絵はがきの自転車は女性が和服姿で乗れるループ型ではないようです。乗るとしたら、きっと三角乗りなのかな（笑）。

　もしかしたら、絵はがきの芸子さんたちが持て囃されるようになったことへの嫉妬から、女子嗜輪会を閉めたのかも知れませんね。オイラの絵はがきコレクションを数えてみても、自転車と芸者の組み合わせは20枚以上もあるのです。庶民にとっては、芸子も自転車も高嶺の花、せめて絵はがきでも眺めながら憧れていた。まるでオイラの子ども時代と同じだったのかも（笑）。

水着

歌麿の絵「鮑取海女之図（あわびとりあまのず）」をご存じですか。三枚組の木版画で、上半身を露わにして漁を終えた海女さんが5名、真ん中の絵には子どもに乳をやる女性が描かれているのですが、当時の鮑獲りは海士（あま）と称された男の仕事だったのです。浮世絵は女性の裸は当然御法度だったので、仕事をする女性の姿を通すことでお色気を表現したかったのでしょう。

それは江戸時代のお話。絵はがきの水着を取り上げてみましょう。健康法の一つとしての海水浴が日本で行われたのは、明治13年の大磯海岸からでした。当時の記録によると、男性はフンドシ、女性は肌襦袢を着用したとあり、たぶん温泉の湯治のようだったのでしょう。そのうち西洋人がレジャーとして海水浴場に現れるようになると、女性も水着を着用していれば大胆な格好が出来るとの風潮が広まり、明治40年に我が国でも初めてのシマウマ水着が売り出されたのでした。（注）

水着を着ていれば大胆な格好ができる。それは、長い間頑《かたく》なに抑圧されていた我が国の女性達に朗報だったことでしょう。当時の水着の宣伝には、なんと売れっ子芸者達が多く起用されたのです。それもそのはず、いくら水着を着ているからといっても、それまで人前で肌を露出することを恥としてきた当時のお嬢様たちには、かなり抵抗があったのですからね。

オイラのコレクションの中にも多くの水着絵はがきがあります。それらをじっくり眺めていると、モデルのみなさんの表情に羞恥心が見え隠れして、それ

（注）出典「水着の文化史」木村春生著　現代創造社

三輪車

さて、この絵はがきですが、大正初期。人類が少しでも楽になることを求めて努力した、そんな過程のような自動車です。オイラは専門家じゃないので良く分かりませんが、ハンドルの前にはむき出しの直列二気筒エンジン、それをチェーンで前輪駆動する三輪車のようです。かなり重量もあるようで、本当にこの形態で三人も乗せて走ったのでしょうかね。

乗っているのは良家のお嬢さんたちかな。でも、笑えるのが運転席の女性の膝にかかっている無骨なシート。汚れ具合からみて、エンジンから飛び出す油を避けるためのシートのようですね。実際に運転している訳ではないでしょうけど、撮影で晴れ着が汚れなかったのかな…。

初期の絵はがきには、このように時代の最先端が描かれるモノが多く、時代を語る文化遺産でもあるんですよね。それがオイラを病みつきにした理由なのです。それに、このお嬢さんたち、かつてのオイラたちと同じように、排気ガスに文明開花を感じていたのじゃないかしら…。

というのは、オイラは北海道のニセコという片田舎で育ったので、自動車といえば駅に止まっているバスや日通のトラックだけで、乗用車なんてのは滅多にお目にかかれなかったのです。小学5年生の時、近所のバス会社がハイヤーの営業を始めることになり、汽車が来る時間になると、駅前に真新しいダットサンがやって来ました。

子どもたちが自動車に興味を持つのは当たり前ですが、当たり前じゃなかったのが自動車の排気ガス。みんなで競うように

が照れ笑いに現れているのが滑稽ですね。ほとんどが日本髪を結った頭でスタジオ撮影ですが、中には実際に海岸で撮影された物も希に存在します。

しかし、水着といっても身体全身を覆っているので、どこが恥ずかしいのと思えるほど、衣服と変わらないデザインなのですよ。今の女性たちが町中で着ている衣服の方が、ず～っと露出度が高いと思いませんか。でも、これが当時流行の水着。おまけに、モデルがやけに福々しいお姿。その頃の男性たちの好み、「痩せぎすは三文の価値も無い」を地でいっているかのようで、これも当時の美人像だったのかも知れませんね（笑）。

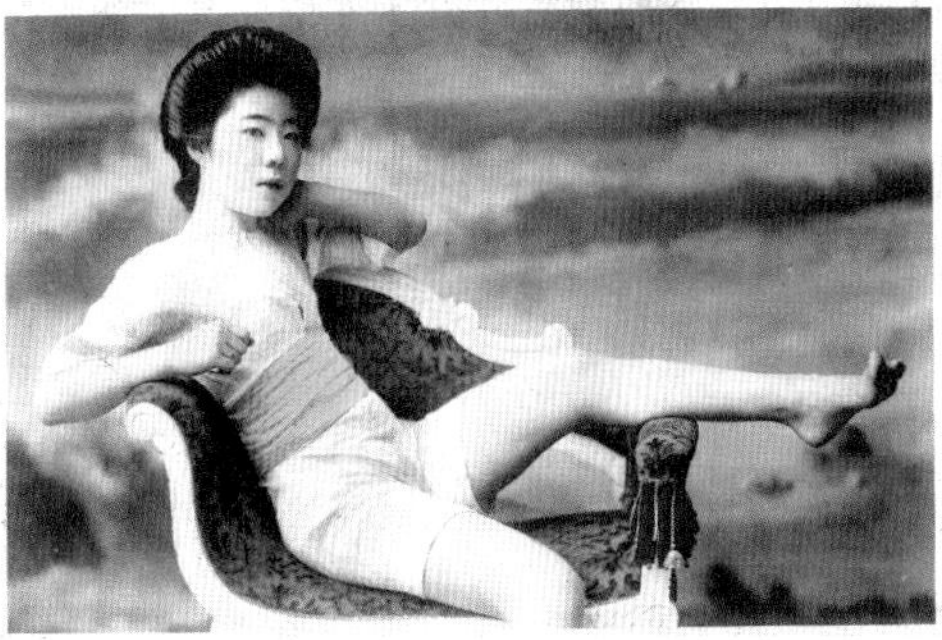

日本に女性の水着が登場した13年後、大正9年にはベルギー・アントワープオリンピックの開催で、スポーツとしての水泳が盛んになり、ニットのチュニックとトランクスの組み合わせが、男女共通で使用されるようになったのでした。その頃から、いわゆるお嬢様たちも恥じることなく水着を着るようになり、現在に至っているのです。

余談ですが、アントワープオリンピックが開催された大正9年11月、京都平安高等女学校が制服にセーラー服を採用し、日本で初めて学校の制服となったのでした。

排気口に鼻をくっつけて、自動車の排気ガスを嗅いだのです。それまでのバスやトラックとは違って、大袈裟にいえばオイラたちにとって、文明開化の臭いとも思えるほど心地よい臭いだったのですよね。今では誰もが目くじらを立てて嫌がる、あの排気ガスだというのにね…。

今になって思うと、なぜ、排気ガスが良かったのか理解に苦しむところです。きっと、シンナーやトルエンの中毒の一種だったのかもね。同年配の方々の中には、きっとオイラと同じ経験をされた方もいらっしゃるでしょう。それ以来、オイラの脳みそがフニャフニャになってしまった…、きっと、そのせいかもね（笑）。

ハンケチ

ハンカチも最近は〝ハンケチ〟とは言わなくなったし、ハンカチだって英語のハンカチーフの略。それを知らない人も多いようだね。例の「ハンカチ王子」、汗ふきの青いタオルもハンカチになってしまったんだから。それをいうと、「我が良き友よ」でおなじみの歌詞に出てくる〝手拭い〟だって、使い方はハンカチと同じだね。それを歌詞に当てはめると、♪腰にハンカチをぶら下げて・・・でもおかしくないような。だけど、♪汽車の窓から手拭い振れば・・・じゃ、やっぱりダサイかな（笑）。

いつの時代も仮装（コスプレ）は女子の憧れ。

明治のコスプレ

絵はがきを集めていて、ふっと気に掛かること——オイラとは縁もゆかりもない人たちが、やはり全く知らない受取人に差し出した文章を盗み読んでいること、に気付く。ほとんどは簡単な近況を知らせる内容が多いのだが、中には好いた惚れた、借金の取り立て等々、深刻な文面を見てしまうことも…。

２００６年、オイラの友人が絵はがきの本を書いた。『絵はがきの時代』（青土社刊・細馬宏通著）。その本は、「折りと封じのない手紙の誕生」から始まっている。はがきが出来る以前、自分の書いた文章が人目をはばかるかのように、書いた紙を折っていた。確かに他人に伝えたいことを書いて封をするのだから、たとえそれを届ける関係のない人にも見せたくないのが手紙だったはずが、使う者も受け取る者も、宛先者以外は読むことがないであろうとの暗黙の了解が、はがきの普及を促進したのかもしれないね。

どうせ見られるかも知れないのなら、見る人みんなの目も楽しませてあげよう。なんてことを考えた訳ではないだろうけど、絵や写真を描くことによって更に情報量の多い通信を楽しめるようにしたのが絵はがきだった。最初は年賀状や暦などが印刷され、簡単な通信用として使われていたのだったが、日露戦争の記念絵はがきのブームがきっかけとなって以来、様々な行事や催事の記念品としても重宝がられるようになった。そうなると、絵はがきは本来の目的を離れて、使われることのない収集品としての地位も得るようになり、ブームは今も続いているのだ。

オイラは、海外でも人気の高い明治・大正時代の美人絵はがきを中心に集めているのだが、それだけ選んで求めることが不可能な時には、あれこれ混じったロットのまとめ買いもある。それらを暇を見付けては整理をしてるのだが、中には何でこんなのが…、どうしてこれが…等々、信じられない絵はが

明治のコスプレ絵葉書から

きが混じっていることがあるのだ。

そのままでは絶対に紹介されることがないであろう摩訶不思議な絵はがき。その背景を綴ってみたいと思うのだが、一例として得意な美人絵はがきの中から明治のコスプレをご覧にいれよう。

コスプレといっても、当時はアニメのキャラクターなんてのはなく、特に女性に好まれたコスチュームは看護婦さんだった。日本における看護婦の始まりは明治20年、上流婦人によって結成された「日本赤十字社篤志看護婦人会」が発足したのが始まりだった。その2年後には、日本赤十字病院に一般婦女子を対象にした救護員養成所が始まった。彼女たちは、日清戦争の従軍看護婦として活躍、動員数は25万人で、その後の日露戦争では5倍の124万人に増加され、彼女たちの活躍は逓信省が発行した「日露戦役記念絵葉書」でも紹介されたことによって、当時の絵はがきブームと相まって、民間でも芸者さんや女学生にまで看護婦さんのコスプレが流行ったのだった。特に、花柳界の節分の行事「お化け」では、芸者さんたちがこぞって看護婦さんの格好でお座敷を賑わしたことが、当時の風俗史にも載っているね。

右ページの絵はがきは、東京銀座上方屋（かみがたや）製の手彩色絵はがき「東京五百美人」の一枚。当時だって実際の看護婦さんは着ない黒い制服、いかにもコスプレってムードだね。いつの時代でも女性は流行を追いかけるのが好きなんだね。

ちなみに、モデルとなった女性は上方屋社長の二人の愛娘で、この外にも上方屋製絵はがきに数多く登場している美人なのだ。

憧れの〝舶来モノ〟手彩色絵葉書コレクション

手彩色絵葉書は19世紀末のヨーロッパ中心に流行。日本もその彩色法を真似て作られました。しかし、当時は西洋絵具が高価で入手も困難。伝統的な日本画を彩る胡粉と岩絵具による彩色が用いられ、舶来ものとは異なる独特な雰囲気が、ヨーロッパの方々に好まれ、逆輸入されていたのでした。

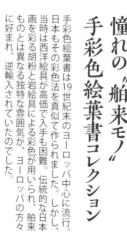

第三章

滑稽怪だらけ
——滑稽新聞・絵葉書世界から

「滑稽新聞」第148号（明治40年10月号）の表紙

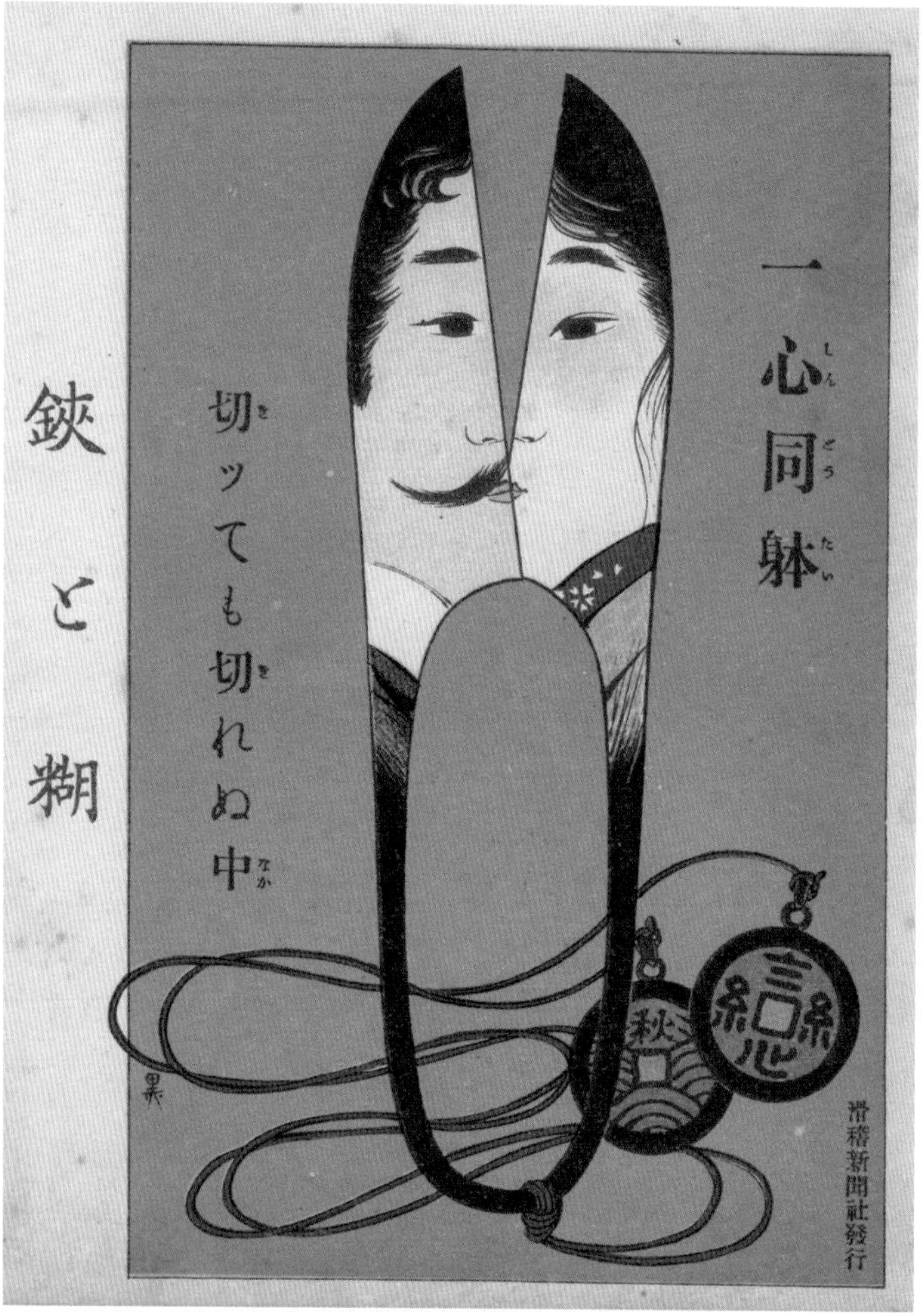

左の絵葉書の宛名面切手貼付欄にあるヒント。MとVの文字が意味深…。

オイねヱさんチョイト はさみを貸しておくれ

明治のジャーナリスト宮武外骨（みやたけがいこつ）といえば…。

話せば長いのですが、簡単に紹介しましょう。慶応3年（1867）、讃岐阿野郡の庄屋の四男として生まれた本名宮武亀四郎。18才の時、漢文古書で「亀は外骨内肉の者なり」とあるのを知り、戸籍制度の混乱に乗じて「外骨」と改めて以後、本名とする。しかし、あくまで親より授かった「亀」に敬意を残した改名と、この方いたって真面目なのである。

明治20年（1887）4月に強烈な諷刺に満ちた「頓知（とんち）協会雑誌」の創刊を皮切りに、「屁茶無苦（へちゃむく）新聞」、「頓智憲法」等の雑誌を刊行。明治憲法下で不敬罪、官憲侮辱罪、風俗壊乱罪等々で入獄4回、発禁、罰金刑は数えきれず。結婚5回、子どもとは死別、反骨精神だけ怠らずに88才の米寿を全うし死骨となる。墳墓廃止論者であるが、何故か駒込の染井霊園に墓はある。

宮武外骨は、明治40年（1907）に「大阪滑稽新聞」別冊定期増刊として、「滑稽新聞・絵葉書世界」を創刊。郵便料金が葉書1銭5厘の時代に、毎号30枚の絵葉書で構成、1冊14銭は手頃な値段と、絵葉書ブームによって大成功を収めた。

判型は63×93センチで、八つ折りされた厚紙に絵葉書4枚構成、表紙には〝この「絵葉書世界」は汽車汽船中の気晴らしとなしたる後、旅宿よりの発信用に最も適す「オイねヱさんチョイトはさみを貸しておくれ」〟、なんともユニークな解説も楽しい。

絵葉書には、世相諷刺、エログロ、ナンセンス、おちゃらけ等々、過激にして愛嬌あるイラストが並ぶ。竹久夢二などの有名作家を始め、米野白水、墨池亭黒坊といった無名作家の協力によって、2年間で26集発行、絵葉書の総数780枚に及んだ。

これらの絵葉書、一見しただけでは意味の理解しがたいものが少なくない。しかし、宛名面の切手貼付欄にそのヒントが描かれている。しかし、切手を貼ってしまうとそれが見えなくなってしまう。これも宮武外骨独特の反骨精神の現れなのだろう。この「絵葉書世界」だけは、発禁処分に遭わず無事に終了したようだ。

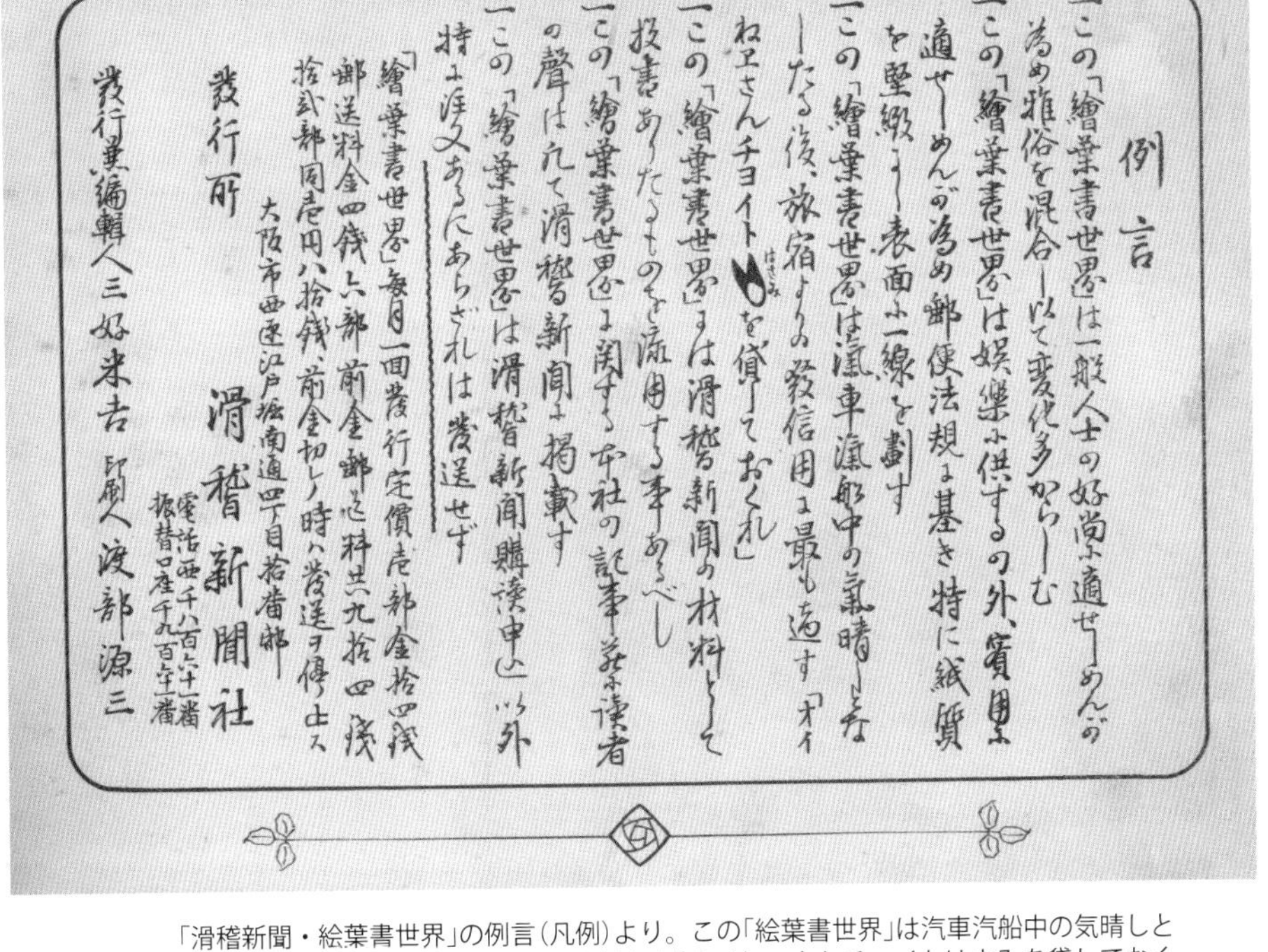
例言

一この「繪葉書世界」は一般人士の好尚に適せしめんが為め雅俗を混合し以て変化多からしむ

一この「繪葉書世界」は娯楽に供するの外、實用に適せしめんが為め郵便法規に基き特に紙質を堅緻にし表面に一線を劃す

一この「繪葉書世界」は汽車汽船中の氣晴しとなしたる後、旅宿よりの發信用に最も適す「オイねヱさんチョイト《はさみ》を貸しておくれ」

一この「繪葉書世界」又は滑稽新聞の材料として投書ありたるものを流用する事あるべし

一この「繪葉書世界」に関する本社の記事並に讀者の聲は凡て滑稽新聞に掲載す

一この「繪葉書世界」は滑稽新聞購讀申込以外特に注文あるにあらざれば發送せず

「繪葉書世界」毎月一回發行定價壱部金拾四錢
郵送料金四錢六部前金郵送料共九拾四錢
拾弐部同壱円八拾錢、前金切レノ時ハ發送ヲ停止ス

發行所 滑稽新聞社
大阪市西区江戸堀南通四丁目拾番邸
電話西千八百六十一番
振替口座千九百卆一番

發行兼編輯人 三好米吉 印刷人 渡部源三

「滑稽新聞・絵葉書世界」の例言（凡例）より。この「絵葉書世界」は汽車汽船中の気晴しとなしたる後、旅宿よりの発信用に最も適す「オイねヱさんチョイトはさみを貸しておくれ」云々のくだりが中央に見える。発行所は大阪市西区江戸堀南通の滑稽新聞社。

さて、やはり話せば長くなってしまったけど、この「絵葉書世界」の中から、興味ある一枚を取り上げてみることにしましょう。右は第14巻（明治41年6月号）より、「鋏と糊」（墨池亭黒坊画）。一心同躰、切っても切れぬ仲を鋏に例え、結ばれた銭の面が「恋」で、背が「秋」。移り気な心模様を重ね合わせた「女心と秋の空」。しかし、鋏は切るモノ、「男心と秋の空」が正しいのかも。

［参考文献］「宮武外骨自叙伝」書物展望（1950年）・木本至著「評伝 宮武外骨」社会思想社（1984年）・赤瀬川原平著「外骨という人がいた！」白水社（1985年）。
使用図版はすべて著者所蔵

絵草紙屋の店頭

この絵はがき、絵草紙屋の「看板絵」と思いしや、店頭に掲げられた大首の美人画の後ろに、どう見ても羽織の男性の姿。看板娘の笑顔見たさについ、声をかけてしまいそうだよね。ちなみに女性ではなく男性の場合は「看板息子」と呼ばれる事もあったようですが、こちらは「看板娘」と違い、あまり定着しなかったようですね。

江戸時代にはお店の広告塔になるような絵を「看板絵」とされ、お芝居の人気者を「大看板」といわれていたように、「看板」とは、その顔となり、お客をひきつける役割を持つモノの総称だったのです。特に有名だったのが、水茶屋の「看板娘」ですね。

水茶屋とは、お江戸の賑わう所に葭簀張りの小屋掛けで、茶や麦湯・桜湯などの茶を出し一休みを提供する商売。現代の喫茶店みたいなお店。商売繁盛の秘訣は、綺麗に化粧をし美しく着飾った「看板娘」の笑顔ですね。美形で愛想が良く客あしらいがうまい水茶屋娘を置く水茶屋には、噂で駆けつけた江戸っ子が一目見たさで人垣が途絶えなかったとか。

「絵葉書世界」第20巻（明治41年12月号）より、「絵草紙屋の店頭」。
切手貼付欄は「看板娘」に声をかけようとする男

綿入れを呑《のん》で…

オイラの十九歳までの想い出といえば…、もう数十年以上も昔のことでも、真っ先に思い出すのが当時付き合っていた彼女のこと、それと貧乏学生だったことかな。もし、電車賃もない状況で、彼女から海水浴に誘われたらどうしますか。友人達を訪ねても、みんな同じくオケラ。当時の学生、残る手段は「一六銀行（質屋）」が便利だったんだよ。オイラの質草はカメラと相場が決まってたけど、いざという時に限って既にお蔵入り。最後の切り札が学生証で500円、この手は何度も利用したっけ。

もしも流してしまっても、紛失届けを出すと再発行してもらえるんだけど、手数料は利息より高くなってしまうので、一度も流さず再利用しまくったよ。しかし、500円じゃ交通費で目一杯、後は彼女から借りたら良いのさと、かなり楽天的だったかも。

それで、お見せしたくなったのが「綿入れを呑で酒着る男あり」。

庶民の間の一般的な金融であった質屋、たとえ世間体が悪くても、気軽に利用出来たのは嬉しかったよね。それが今では、消費者金融、サラ金の普及で、廃業する質屋が多くなったのが寂しい限りですね。

「綿入れを呑で酒着る男あり」。「大阪滑稽新聞」第49号（明治43年11月号・左）の裏表紙に描かれている。

ツンドク先生の書斎

あの東日本大震災からほぼ10年。オイラの膨大な紙物コレクションが、もしもあのような災害に遭遇してしまったらと考えるだけで気が遠くなってしまいそうだよ。あのときは本棚も壁の一部も壊れ、部屋は本が堆《うずたか》く積まれていた。片付けながら、何で読む気もない書物を買いあさったんだろうと呵責の念。

学生時代、親友が美人セールスマンに言葉巧みに勧められ、25万円3年ローンで買わされた、アメリカの権威ある百科事典「エンサイクロペディア・ブリタニカ」。全ページ横文字ばっかりで24巻。奴の部屋は三畳間、そこに百科事典が鎮座、遊びに行っても座る場所なし。でも椅子やテーブルに早変わり出来るのは便利だったけど、「積読」先生を絵に描いたような奴だったよ。

小学生の頃、オヤジがおまえらも、「軽蔑すべき人間は本を読まない人間だ」と言われないように、とか言って、「世界大百科事典」(全30数巻)を買ったよ。居間のサイドボードを空にして並べたんだけど、汚しちゃいけないから大人になってから読みなさいって、それじゃ意味ないよね。

「絵葉書世界」第9巻(明治41年1月号)より、「ツンドク先生の書斎」(倶楽坊主画)。切手貼付欄はインテリ先生。

とぼし

電灯が普及する前の照明器具といえばランプですね。日本にランプが渡来したのは万延元年(1860)、蘭方医・林洞海が渡米した友人から貰い、臭水(くそうず:石油)で点火したのが最初といわれます。

ランプは江戸末期より次第に家庭に普及していきました。明治15年(1882)には、僧侶佐田介石が外国製品排斥の立場から、灯油を用いるランプを使っていると菜種油生産農家が困窮し、国が滅びると主張した、「ランプ亡国論」が持ち上がったほど普及していたのです。

一方、右の絵はがきにも描かれているランプを灯すマッチ。こちらは、明治8年(1875)、フランス帰りの清水誠が東京で初めてマッチを製造(19㌻参照)。その製法を広く公開したことによって、当時の失業士族救済のための授産産業として奨励され、全国各地にマッチ工場が設立、ランプと共に一般家庭に普及したのでした。

この絵はがき「とぼし」は、滑稽新聞とは思えない素朴な画風の一枚。都市部で電球が普及し始めたのは明治末期ですが、農村部まで電灯が普及する昭和初期までは、依然照明の王者であった、普通の生活風景なのです。

「絵葉書世界」第16巻(明治41年10月号)より、「とぼし」(絵師:米野白水)。
切手貼付欄はランプのホヤ(ガラス部分)のお手入れ道具。

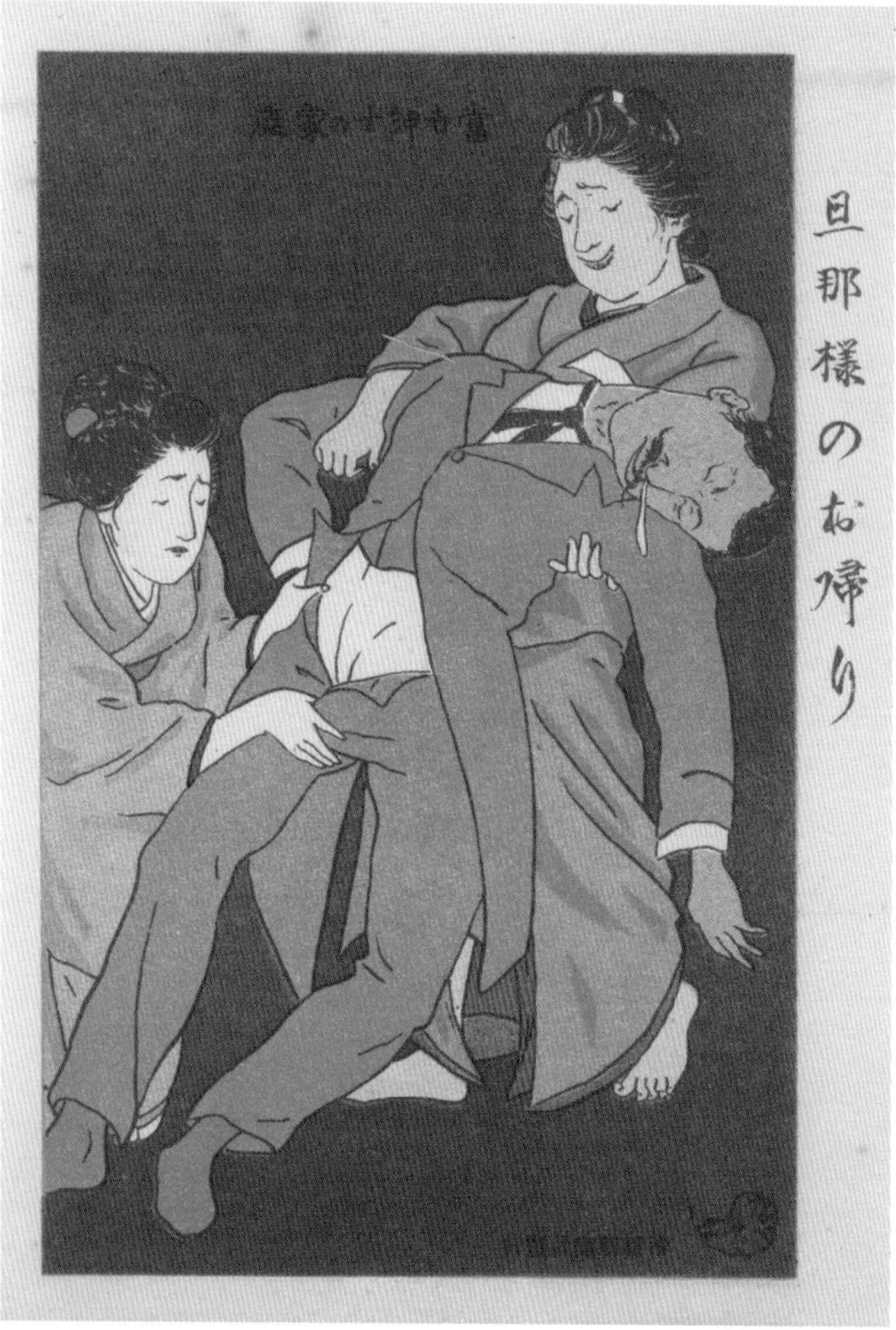

左の絵葉書の宛名面切手貼付欄。
ひとつふとんに枕がふたつ…。

オヤオヤ奥様、旦那様ニ限ッテ・・・

洒落と風刺と反骨で世に聞こえた畸人ジャーナリスト宮武外骨の刊行物の中で、最も有名な「滑稽新聞」は、明治34年（1901）1月、大阪で創刊された。しかし、編集兼発行人は岡田辰次郎、印刷人山田金二と記されているが、岡田、山田は名前だけ。名目上の発行人は、与謝野晶子・鉄幹等と交流しながら明治後期の大阪出版界に寄与し、外骨にとっても最も信頼できる部下であった三好米吉が担った。

しかし、外骨、三好の名は紙面に見当たらない。これは、外骨に万一のことがあっても発行を続けられるようにとの算段にも思えるが、本文中の「小野村夫」のペンネーム、また、無署名記事の大半を外骨が自ら書いていたことは、その内容から読者には明らかだった。

絵はがきを研究者するオイラは、滑稽新聞増刊の「絵葉書世界」を中心に収集し、現在、発行26集中21集を所蔵し、残る5集も探し求めている。そんな最中、ネットオークションで「大阪滑稽新聞」の合本が大量に出品されているのを発見した。「滑稽新聞」と「大阪滑稽新聞」の復刻本は所蔵しているが、その現物は数冊で、このように毎10号が合本で入手できるのは手っ取り早いと、そのすべてを落札したのだった。

　さて、数日後に落札品を受け取った時の驚きはなかったよ。それは段ボールに貼られた切手（左の写真）をとくとご覧あれ！　切手収集家だったらピ～ンと来るはず。

　1960年発行の国際文通週間「東海道五拾三次・蒲原」。戦後記念切手の中の出世頭が惜しげもなく貼られているじゃないか。でもそんなのは序の口、更に驚いたのが、出品者が「滑稽新聞」名目上の発行人、三好米吉氏のお孫さんだったってことだよ！

　落手メールの返信で、「今では、チケット屋さんでこういうのが、額面の1～2割引きで売られ、この蒲原も27円でした。今は切手のコレクションはしていませんけど、なんだか寂しい思いです。いつかこれを切手に詳しい人に使ってみたいと思っていました。喜んで（？）いただけて使った甲斐がありました」

　しかし、カタログで未使用の価格3500円、使用済でも1000円の価値が付いている「蒲原」。惜しげもなく貼ってしまうマニアックさは、洒落と風刺と反骨で世に聞こえた畸人ジャーナリスト宮武外骨の信頼できる部下の孫、血は争えませんな…。

　右の絵葉書は「絵葉書世界」第11巻（明治41年5月号）より、「當世紳士の家庭（気になるところ）」（なべぞ画）。「アラアラ旦那様大丈夫デセウカ、オヤオヤ奥様、旦那様ニ限ッテ、身体ノ浮気ハ知ラヌケド、心ノ浮気ハ、ナサラヌヨ」。

　いつの時代も、夫婦の価値観は違っても良いんだよね…。

あの「蒲原」が惜しげもなく貼られた段ボール。

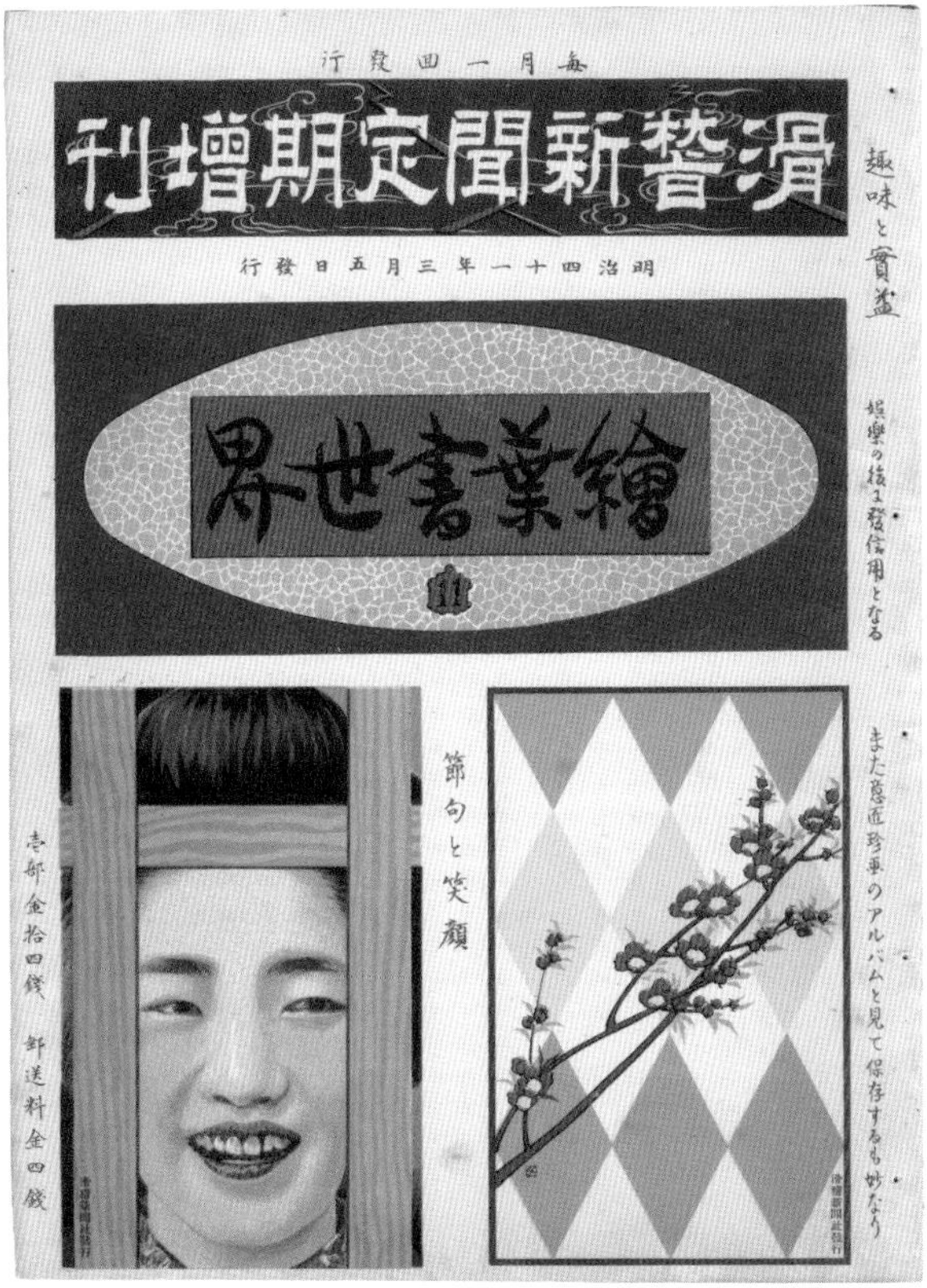

「當世紳士の家庭」を収録した「絵葉書世界」第11巻（明治41年５月号）の表紙。左下の女性は芸者の時松（40ぺ参照）のように思えるのだが…。

夜行汽車

この絵葉書、デレデレとよだれを垂らす男と寄り添う、御高祖頭巾（おこそずきん）の女性。一見してお忍び旅行と解るでしょ。でも、どうしてそれと解る格好をしなくちゃいけないのでしょうね。そもそも、御高祖頭巾（下）は、江戸〜明治にかけて流行した女性の防寒用のかぶり物だけど、何か隠したい雰囲気ムンムンだよね。「私たちお忍びの旅よ」と、見え見え。御高祖頭巾とお忍びの関係は誰かが決めたワケじゃなし、いつの間にか当時のお忍びの定番になってしまったワケだよ。

定番の不思議って、他にもいっぱいあるね。食べ物に例をとると、オイラは北海道生まれの北海道育ちなので、すき焼きといえば豚肉が定番だったよ。でも、東京でそれが食べられるお店は未だに見つからないけど、たぶん今でも北海道の肉屋さんやスーパーでは、すき焼き用の豚肉が並んでいるはず。

定番とは、当たり前となっていること、決まりきっていること。宮武外骨の魅力も、下世話な世相の話題までが、あたかも定番の如く巧みに仕込まれた毒とパロディーで、大衆に人気を博したところにあるんだよね。

「絵葉書世界」第8巻（明治40年12月号）より、「夜行汽車」（絵師：黒坊）。宛名面の切手貼付欄。何が入っているのでしょう、大きなバッグとこうもり傘。

特別出演〝御高祖頭巾〟

日蓮宗の高祖日蓮の頭巾に似ているので、俗に「御高祖頭巾」と名付けられたらしい。

女学生の机下

写真仲間の神父さん、仲間が集まった忘年会の居酒屋で「七つの大罪」のことを熱く語ってくれました。大罪とは如何に…？気になって調べると、傲慢・憤

「絵葉書世界」第8巻（明治40年12月号）より、「女学生の机下」（絵師：高砂太夫）。宛名面の切手貼付欄は、たぶん意味深な黄表紙本。

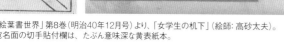

「絵葉書世界」第16巻（明治41年8月号）より、「美人に親切」。
宛名面の切手貼付欄は、船着場の切符売場にて。くだんの女性か？

美人に親切

　人は古来、差別を滑稽としてとらえています。しかし、自分が差別をしていることに気付かず、笑ってしまうこともあるでしょう。それはいけないと思いつつ、この一枚を選んでしまいましたが、決して差別ではありません。その理由として、オイラも身体と気持ちがもはや完全に分離しているってことを、自覚してしまったからこそ選んだ一枚なのです。

　先日、信号待ちで青になるやいなや、あわてて走って縁石につまずいてしまったけれど、とっさにカメラだけ守ったのは長年の経験値。でも、身体は前のめりの大の字にこけ、痛〜っ！と大声をあげてしまった。そばにいた若いお姉ちゃんが「大丈夫ですか？」と手を添えてくれたんだけど、あまりの格好わるさに平気平気と、ひとりで立ち上がろうとしてまたまたこけた。

　この絵葉書「美人に親切」は、オイラの出来事とはちょっと異なりますが、どんなに活動的で元気な老人でも、回避できない危険は、常に付きまとうのですよね。これも宮武外骨の反骨精神の表現手段なのか。

特別出演〝女学生〟

明治期の手彩色絵葉書「ハイカラ百種」より女学生。

怒・怠惰・強欲・暴食・色欲・嫉妬で、罪といっても人間を罪に導く可能性があるってことを表す言葉のようですね。

　この絵葉書、「女学生の机下《きか》」をじっくり観察してみましょう。机の下に大福、足の下には写真と手紙が隠れてますね。写真は頭しか見えてませんが、男性。手紙はたぶん恋文。そして、机には「生理学」なる書籍が二冊置かれてますが、その二冊の角度が肝心だね。絶対、その下に何かが隠れているって見え見え。女学生は自宅で勉強中、そこに突然お母さまが。裾の乱れに女学生の慌てぶりは手に取るばかり。そう思って見ると、この絵の目線はたぶんお母さま目線。今、何か隠したでしょ？　そんな声が聞こえて来るような絵葉書でしょ。でもね、子どもって、欲望や感情に導かれながら成長するものだってこともお忘れなく。

　さて、居酒屋で盛んに「七つの大罪」を説く神父、続けて、「私が神父として働くことができるのは、司教から適格者として認められ、叙階の恩恵を受けたからです」と、おっしゃりながらお湯割りを飲み干す。「色欲」は罪でもお酒は良いようだ。イエス様はみなさまを喜びあふれる天の御国に招いておられます。しかし、「七つの大罪」をすべて清めなければそこには入れないのです。つまりオイラは絶対天の御国に入れないってことだよ。ちなみに、あほまろ家は代々曹洞宗なので関係ないけどね。

「絵葉書世界」第16巻（明治41年６月号）より、「茶屋の秘密室」（絵師：なべぞ）。宛名面の切手貼付欄は「御待合」と記された玄関灯。

悪事千里を走る…

宮武外骨が手がけた記事には、「頓知（とんち）」と「滑稽（こっけい）」の言葉が多用されています。記事だけじゃなく、「頓智協會雑誌」「頓智と滑稽」「滑稽新聞」「奇抜と滑稽」など、雑誌の名称にも登場しているほど。宮武外骨のジャーナリズムは、この二つの言葉の真実を追求し続けたといっても、過言じゃないように思えてなりません。

明治20年（1887）4月、宮武外骨最初の本格的な雑誌は、会員制の頓智協會を設立し、その機関誌として出版された「頓智協會雑誌」でした。会員には、戯作者の仮名垣魯文、「朝野新聞」社主の磯部節、「団団新聞」編集長の田島象二、天狗煙草の岩谷松平、落語家三遊亭円朝、快楽亭ブラック等が名を連ね、千部売れれば大成功といわれた時代に4千部も売りあげていたのでした。それで儲けた金で、吉原で遊び回ったとか。

宮武外骨21才。その骨子は、頓智頓才のきく稚僧が俗気の抜けないいけちな和尚を侮りからかい、閉口させ、笑いのうちに得をする――弱小な者の頓知が大人を操るのが痛快な、日本の民話「和尚と小僧」を地で行く青年だったようです。その後、反骨精神と政治や権力批判によって、幾度となく発禁・差し止め・投獄を受けながら、終戦後もGHQによる検閲や発禁処分にまで噛みつき、権力への風刺は衰えず、最後まで「頓知」と「滑稽」を持った反骨人だったとか。

そんな反骨精神が、「絵葉書世界」の中にも多く見ることができます。右の絵葉書は、「茶屋の秘密室」。官憲が去った後を、あざ笑うかのような女性たちが描かれていますが、そこに記された赤文字「魔窟」の意味するのは、悪事を働く人間が集まる、悪人たちの棲む館を示しているのです。ここは、永井荷風の「墨東綺譚」でお馴染みの銘酒屋（めいしや）。飲み屋などを装いながら、ひそかに私娼を抱えて売春をする店。明治時代から大正時代、東京市を中心にみられた私娼窟の実態なのであります。

いかに機に応じ働く知恵とはいえ、悪事はいけない。外骨の「頓知」と「滑稽」の中に秘められた「節度」。ただ官憲をからかうだけでなく、悪事千里を走る…とも言いたげ。もっとも、考えすぎかも知れませんけどね。

「大阪滑稽新聞」第3号（明治42年12月号）の記事（上）と表紙（右）。記事の上方は「利用される書籍」と題し、本来の使われ方をしていない書籍を風刺したもの。「ツンドク先生の書斎」（59ペ）の皮肉と通じている。また、下の記事は成長後に女から男へ性転換した事例の報告。結論として、「斯（か）く一代の中（うち）に女となり又男となって両性の趣味を解し得るとは実に幸福の人である」と講じられている。

我物と思へば軽し

30年ほど前、ドイツのハンブルグで仕事を終え、アメリカ人社員と二人で滞在先のホテルに戻る途中のノミの市を散策中に、素晴らしい手彩色絵葉書のコレクションアルバムを見付けて、舞い上がってしまったことがありました。400マルクで衝動買いをしてしまったのだけど、絵葉書アルバムは10冊もある。二人で手分けしてホテルまで持って帰ったんだけど、絵葉書のひとつひとつは軽くても集まるとそれなりに重く、ヒモの食い込みは半端じゃなかったね。でも、オイラには「我が物と思えば軽し笠の雪」。心を積極的肯定的に向けて行けば、難有るも有り難しであるってね。ホテルからは日本に郵送したけど、送料も100マルクとられたよ。

この絵はがき「我物と思へば軽し」。車内でのタバコは時代として、明治の女性は控え目で常に男性から三歩下がって歩く時代だったはず、なのに人前でこんな姿ってあり得たのかな。同じ明治の女性でも、うちの祖母は嫌がって祖父とは一緒には歩きませんでしたけどね。

「絵葉書世界」第12巻（明治41年4月号）より「我が物と思えば軽し」。
宛名面の切手貼付欄は電車の切符。

横浜の娼家

この絵はがきは、かつての遊郭「横浜の娼家」、港崎（みよざき）遊郭と言われたところです。この遊郭の由来といえば、「日米修好通商条約」を結んだタウンゼント・ハリスの要請だったってことが、アメリカ領事館下番を勤めた日本の写真創業者・下岡蓮杖（しもおかれんじょう）の証言で残ってますよ。

ハリスが、自国の水兵たちのために造った遊郭で、そこに働く女性達は身売りされた遊女。アメリカでは「Sex Slave（性の奴隷）」、日本では「開港慰安婦」と呼ばれ、関東一円の岡場所から渋る娼婦たちが強制的に集められたのでした。幕末開国時、日本の近代化のため犠牲になりながらも歴史から抹殺されてしまった女性たち、いつの時代も同じことが繰り返されて来たのですね…。

オイラが大学生時代、映画「日本春歌考」の中で唄われていた春歌が忘れられません。それがつい先日、なぎら健壱さんのコンサートで蘇ったのでした。正式な題名は「満鉄小唄」。「討匪行（とうひこう）」という軍歌の替え歌で、朝鮮人娼婦が日本人客を誘うもの。「開港慰安婦」と同じような女性たちの姿でした。

「絵葉書世界」第14巻（明治41年6月号）より、「横浜の娼家」。
「オヤ此（この）異人さんはフランスのモテルといふ人だッサ…、オホホ、（滑稽富士詣）」。
切手貼付欄は、外国船。

［満鉄小唄］♪あめのしょぼしょぼふるばんに／からすのまとからのそいてる／まんてちゅのきんぼたんのぱかやろう…

第四章

ぽちぽち洒落よう！
——心付けの世界

団扇絵のぽち袋。
画題は大原女と平安神宮、
木版多色刷り。

前振り対談3

あほまろ

×

編集長
ひらりん

あんなコレクション こんなコレクション

ひら（ひらりん） 絵はがきだけでなく、連載ではいろんな紙モノを取り上げましたよね。

あほ（あほまろ） なんでも溜め込むのでね、どんどんコレクションのジャンルが増えていってしまう。困った蒐集癖だね。

ひら コレクションのひとつとして、便所紙（落とし紙）が登場したときには、こんなものまでと少々びっくりしました。

あほ 幼少の頃、トイレの棚に置かれた便所紙の表紙絵に、眼が吸い付けられてしまったんだ。

あづま美人

明治時代の便所紙の表紙絵「あづま美人」。

気になると、とことん追い詰めてしまう性格なので、近所の家々を訪ね歩いたり、遠方の親戚に「便所紙」の表紙がほしいと電話をしまくったものだった。

ひら そこまでしたんですか。

あほ 近所でも噂が広がり、「駅前の工藤さん（オイラの本名）ちの息子、便所紙を探し回る変な子だよ」なんてね。そんな噂を聞きつけたのが、ちり紙交換のおじさん。さすが専門家だけあって、いろいろな表紙絵をオイラのために集めてくれたんだよ。

ひら 蛇の道は蛇、ってところでしょうか。そうしたさまざまな紙モノのなかで、集中して取り上げたのが本書第四章の「ぽち袋」でしたね。

あほ ぽち袋の連載は、テプコ浅草館（現在は閉館）での展覧会「洒落と粋のぽち袋展」開催と併

「あほまろの古銭小咄（むかしのおかねのうんちくばなし）」より

〈寛永通寳四文銭〉のコインプレート。江戸中期の明和5年（1768）に鋳造が始まった、やや大型の四文銭。当時、銅の材料が不足し、鉄で銭を鋳造していた不人気を打開する意味があった。そこで材料を真鍮にしたことで、市中で好まれたが、以降、物の値段に十六文など4の倍数で値を付けることが多くなり、インフレを助長する結果になる。

寛永の浪で
団子も数減らし
江戸川柳
寛永通寳四文銭
明和五年江戸深川千田新田鋳造

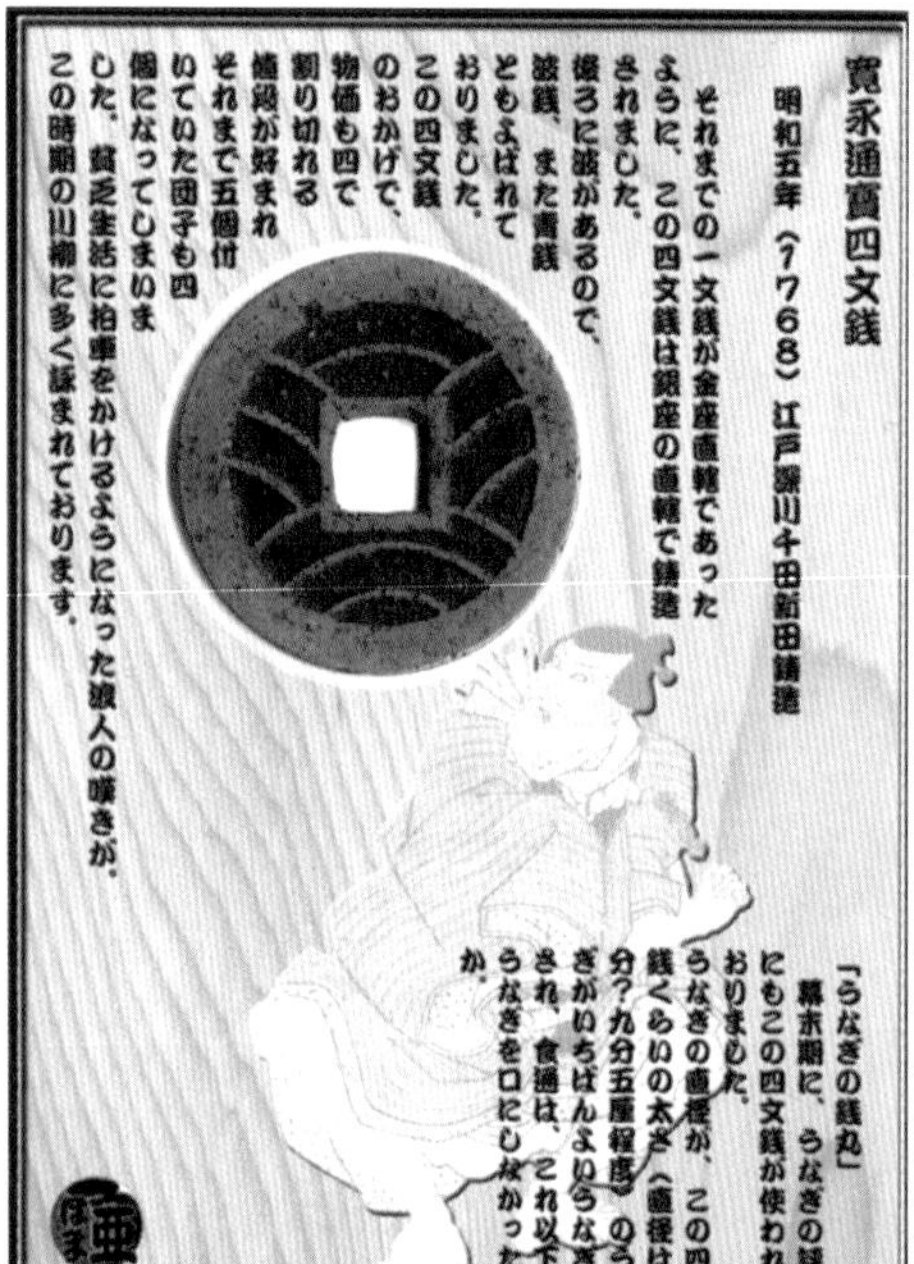
寛永通寳四文銭
明和五年（1768）江戸深川千田新田鋳造
それまでの一文銭が金座直轄であったように、この四文銭は銀座の直轄で鋳造されました。
後ろに波があるので、波銭、また青銭ともよばれておりました。
この四文銭のおかげで、物価も四で割り切れる値段が好まれそれまで五個付いていた団子も四個になってしまいました。貧乏生活に拍車をかけるようになった浪人の嘆きが、この時期の川柳に多く詠まれております。
「うなぎの銭丸」
幕末期に、うなぎの評価にもこの四文銭が使われておりました。うなぎの直径が、この四文銭くらいの太さ（直径は九分？九分五厘程度）のうなぎがいちばんよいうなぎとされ、食通は、これ以下のうなぎを口にしなかったとか。
©2004 Ahomaro/Edo.net CP3001

コインプレートの表（右）と裏（左）。四文銭に掛けた川柳や解説が記されている。

行して書いていたものだね。
ひら たしか、ぽち袋のコレクションは約1500枚とか。
あほ そう、明治から昭和初期のもので、すべて木版刷り。
ひら 意匠がすごく凝っていて、バラエティに富んでいますね。
あほ やっぱり心付けの世界だから、洒落てて粋なんだよね。

宝船を描いたお年玉用のぽち袋（大正期）。

ひら 次いで、小さなモノへの偏愛を取り上げた第五章「寸葉愛」では、個人票、株札、ブックマッチが登場します。
あほ 個人票は燐票（マッチラベル）から派生したものだけど、ほんとうに数寄者どうしの世界だね。ちなみに、かつては切手と燐票を併行して集めた趣味人も多かったようだよ。サイズが似ているからかな。それに、明治中頃に初めて日本で生産されたブックマッチは、たいへん貴重なもの。特許をアメリカの会社が持っていて、訴訟を起こされ、数年で消えてしまったんだ。
ひら 雑誌の連載では、紙モノが中心でしたが、「寸葉愛」ではミノックスやアメリカの鉄道ピンズなど、ときに紙モノ以外のモノも登場しましたね。
あほ 紙モノ以外というと、友人の町田忍さんから提供してもらった「昭和30～40年代頃の牛乳箱」や「自転車の風切マスコット」の写真コレクション。ほんと、コレクションのジャンルは際限がないんだなあ。
ひら そうそう、短期連載だけど、古銭の連載もありました。
あほ コインプレートで、東漢の後漢五銖銭、唐の開元通寶といった中国の古代貨幣や、寛永通寶の背文銭や四文銭ほか、江戸の貨幣を紹介したんだよね。
ひら 事務所に伺うと、表札に「東洋鋳造貨幣研究所」と記されているじゃないですか。
あほ 研究所の設立は1990年。皇朝十二銭をはじめとした穴銭の研究と鑑定をしていて、特に寛永通寶については「新寛永通寶図会」という図録も刊行しているんだよ。
ひら いやいや、紙モノだけじゃなく、古銭でも年季が入っているんですね。恐れ入谷の鬼子母神…ってな気持ちです。

昭和30～40年代頃の牛乳箱（町田忍氏提供）

小さなモノ　精巧なモノへの憧憬

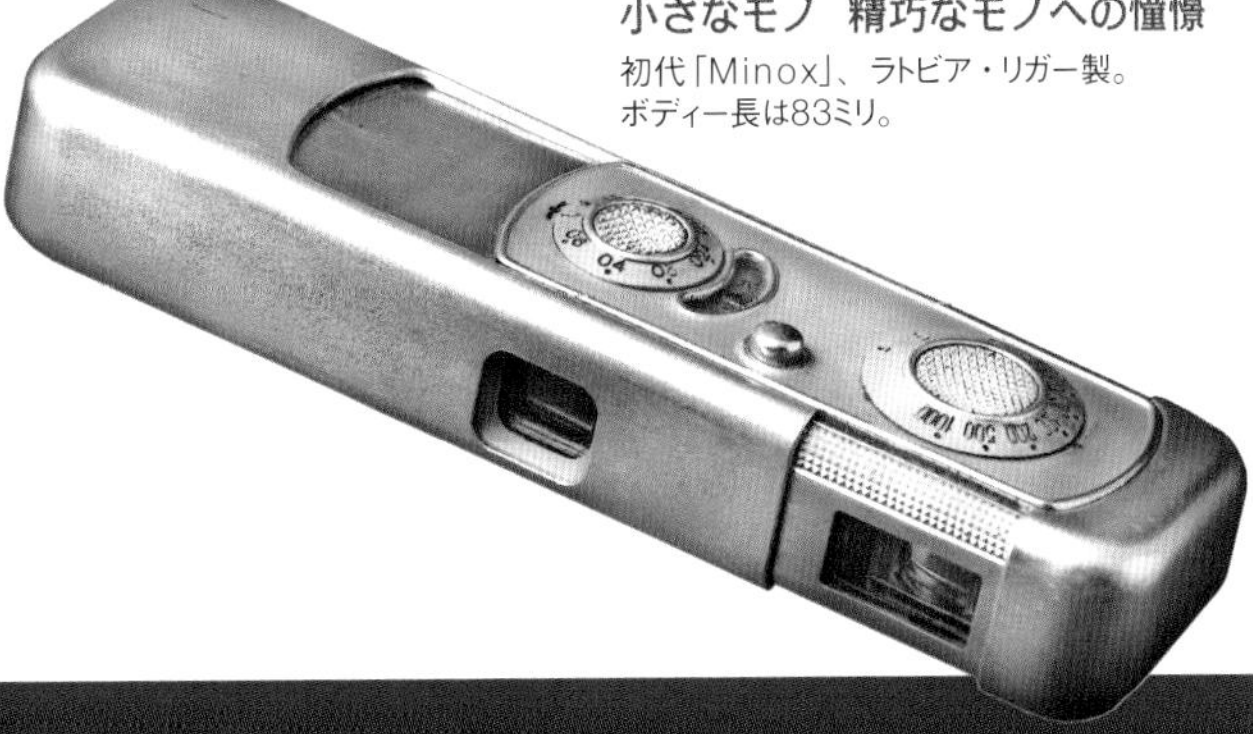
初代「Minox」、ラトビア・リガー製。
ボディー長は83ミリ。

裏面の銘

ぽち袋は郵便制度の落とし子だった。

オイラは絵はがきをはじめ、様々な紙物を集めているんだけど、絵はがきをちょっと忘れ、〝これっぽちの封筒〟で遊んでみましょう。封筒といっても手紙を出すためじゃなく、遊び心たっぷりの「ぽち袋」の世界です。これっぽちの封筒ですが、切手よりも大きいので様々な工夫が凝らされ、思いもつかない粋なおもしろさに出会えることもあるのです。

ぽち袋は小さいので、当然、中に入れるお金もちっちゃいのです。誰が名付けたのかは知れませんが、「これっぽち」の「ぽち」から派生した言葉じゃないのかな。子どもたちへのお年玉、またお使いのお駄賃などをあげる人の立場が、上の者から下の者にしか使うことが出来ない小袋なのです。そして、冠婚葬祭で使われる熨斗袋（のしぶくろ）と違い、非公式の場所での使用に限られているため、めちゃくちゃ粋に洒落た小袋なのですよ。

それまでの心付けは、懐紙に包んだお捻りだったのですが、このぽち袋に変わっていった背景には、郵便制度の導入が大きく関わっているのです。我が国では古来から、文章の秘密を保持する手段として、紙で包んだ手紙を封紙などで封じて渡していたのでしたが、明治4年に郵便業務開始に伴って郵便局が開設、切手とともに封筒も売られたのです。しかし、当時の人たちはまだ慣れ親しんだ書状を好んでいたってことは、当時のエンタイヤからも知ることができますね。

我が国に封筒の文化が入って来たのは、江戸時代末期。オイラのコレクションの中に、北斎が描いた木版画の絵封筒と、同じく木版で刷られた薬の封筒があります。しかし、どちらも実際に使われた形跡はありません。きっと、西洋の珍しいものをいち早く取り上げてみたかった、そんなことで模倣したのでしょうけど、江戸時代には実用にはならなかったようです。

通人が好んだぽち袋のほとんどが、最初から紙幣を入れる大きさになっていることから、政府が紙幣を発行した明治期以降に出来たものであることは確かです。それと、徐々に普及していった封筒文化とも大いに関係があったのでしょうね。

ぽち袋が初めて市販されたのは明治15年（1882）、日本橋の和紙店「金華堂」で、それまで和紙の包みであった大入り袋の封筒版でした。その後、東京の和紙屋の「開運堂」、「榛原（はいばら）」、京都の「さくら井屋」などからも次々と洒落た袋が売り出され、全国に普及していきました。それに端を発したのが千社札の交換会から派生した、ぽち袋交換会です。大正8年（1919）5月、浅草仲見世中正倶楽部開催の「江戸会」にて、初めて開催された記録が残っており、凝った意匠のぽち袋が登場したのも、その頃からではないでしょうか。

ではなぜ、こんなちっぽけなぽち袋が収集されるようになったのか、その意匠を見て頂くと一目瞭然です。最初は石版刷りの粗末な物でしたが、江戸の伝統を踏まえた千社札職人によって豪華な木版刷りで作られ、更に、様々な趣向が凝らされたのですから当然のことでしょう。

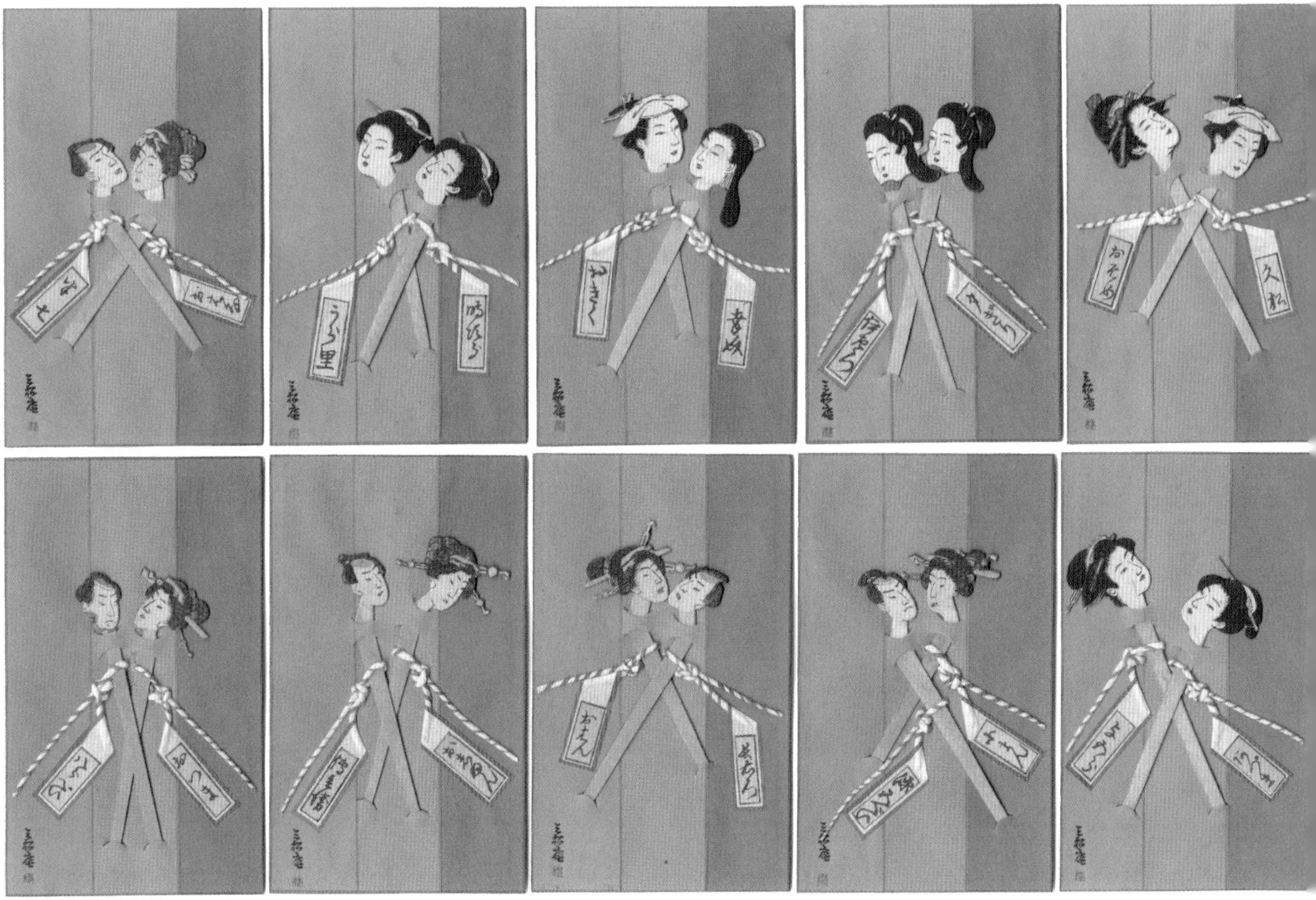

お芝居でお馴染みの男女の首絵「女夫合楽（めおとあわせこのみ）」より。セットの右上、首絵の久松とおそめ（お染）は、浄瑠璃や歌舞伎でお馴染みの登場人物。

男女それぞれの絵合わせを楽しむ、「女夫合楽」34枚セットより。

まずご紹介するぽち袋は、「女夫合楽（めおとあわせこのみ）」と題された、お芝居でお馴染みの男女11組の首絵（上）と、男女それぞれの絵合わせを楽しめるように考案された34枚のセット物です（左）。すべてが押し絵のように盛り上がり加工がなされた木版刷りで、とっても豪華なぽち袋なのです。きっと、花柳界で馴染みの女性に一枚づつ渡していたのかも。これぞ洒落と粋の集大成、これっぽっちとはいえども、いや〜まいったまいった、良くやるよ…。

団扇絵

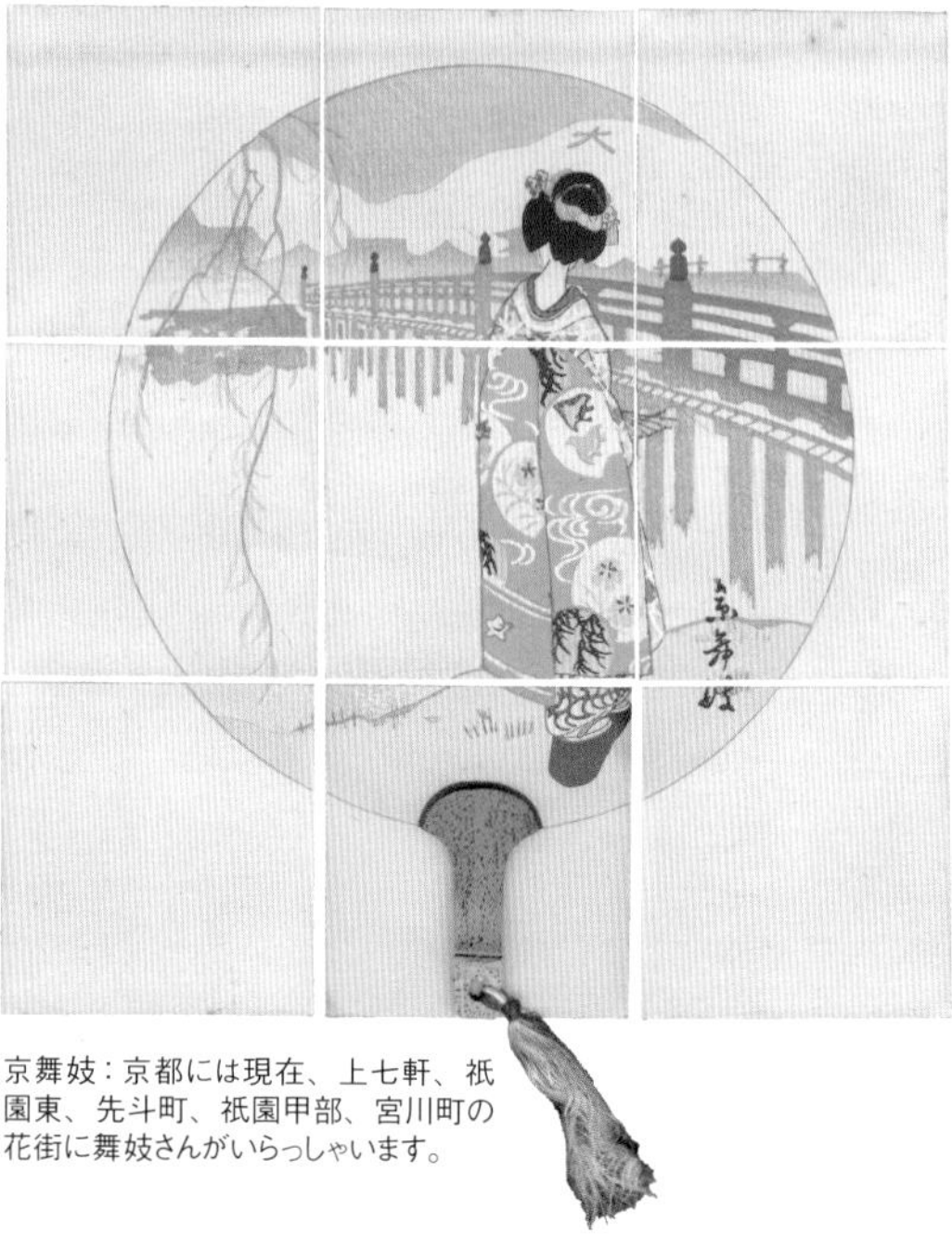

京舞妓：京都には現在、上七軒、祇園東、先斗町、祇園甲部、宮川町の花街に舞妓さんがいらっしゃいます。

江戸時代の浮世絵には様々な形状があるのはご存じでしょう。その中に団扇絵（うちわえ）があり、団扇に貼るための絵も売られていたのです。役者絵や美人画が主流でしたが、幕末頃には風景画や花鳥画も好まれたようです。粋な江戸人は、好みの絵を絵双紙屋で求め、自宅で指示通りに切り抜き、自分の団扇の骨に糊付けするのです。

さて、本題に戻り、こちらのぽち袋も団扇絵です。こちらは本来の用途ではなく、9枚揃えないとひとつの絵にならず、切って貼っても団扇に使えない団扇絵。格好だけが団扇のぽち袋です。粋な洒落人が考えたのでしょうから、何か意味が込められているのかもね。

涼や炊事、装いや流行、蛍や虫追いなど日常生活道具としての団扇。江戸時代は、扇《あお》ぐことで田畑の害虫を駆除し悪病を払い、門口に貼ると夏の病を防ぐとも、顔を隠すことで災厄や身の汚れまでも祓《はら》ってくれた優れもの。それをわざわざ9つに切り裂いてしまったのです。好みの女に心に持つたくらみを探られず、9回目で本音を渡す、それが一個だけ竹の柄が取り付けられているぽち袋かも。

小林かいち

小林かいちのぽち袋より。アールデコ調の舞妓さんを描く10枚セットの2枚。

アールデコが生みだしたモボ・モガが繁華街を闊歩していた、大正時代の後期から昭和初期にかけて、京都の「さくら井屋」より、浮世絵に代表される日本伝統の、木版刷りのモダンな絵封筒が売り出されました。作者の名は竹久夢二や蕗谷虹児のかげに隠れた無名の絵描き「小林かいち」。

その作風は新鮮で、メランコリックで、少女的な感傷性が不思議な魅力を醸し出していたのです。それらの絵封筒や絵はきが登場するや、女性たちの心を虜にしてしまったのです。女学生を中心に全国から「小林かいち」を求める女性が、京都の「さくら井屋」に群がっていたと、谷崎潤一郎の小説「卍」の中にも描かれているほどです。

オイラは「小林かいち」の絵封

お小遣い

10円玉が一枚だけ入るようなぽち袋。それもとっても種類が多いのです。これに入る大正時代の小銭といえば50銭・10銭銀貨と5銭白銅貨・1銭銅貨がありました。1銭が今のおよそ20円くらいなので、ちょっとしたお礼などに使われていたのかも。そもそもぽち袋とは、お金をむき出しにして渡すことに抵抗を感じる日本人が、懐紙などに包んで渡していたのをより便利にと考えた小袋。とっさの時でも慌てずに渡せるようにと、粋なお方はお財布の中に忍ばせていたのでしょうね。

　こんなステキなぽち袋、子どものお小遣いにも使ってみたくなりませんか。ぽち袋に籠める思い入れの「ちょっと」を伝える気持、貰った子どもたちだって中身が見えない心遣いに、お金の大切さが判る人間に染まってくれるかも。

　なんて悠長なことは今の子どもには通じないかな。学校が終われば塾だ、習い事だが待っているし、終わって帰っても塾と学校の宿題がたくさんあるし、遊ぶ時間はもちろん寝る時間も少なくがんじがらめにされ、色に染まる時間も余裕もなさそうなのが可哀相だね。

　たまには手作りのぽち袋にお小遣いを入れてあげたら。きっとお金では買えない小さな幸せを感じ、子ども本来の色に戻る瞬間が見えるかも。

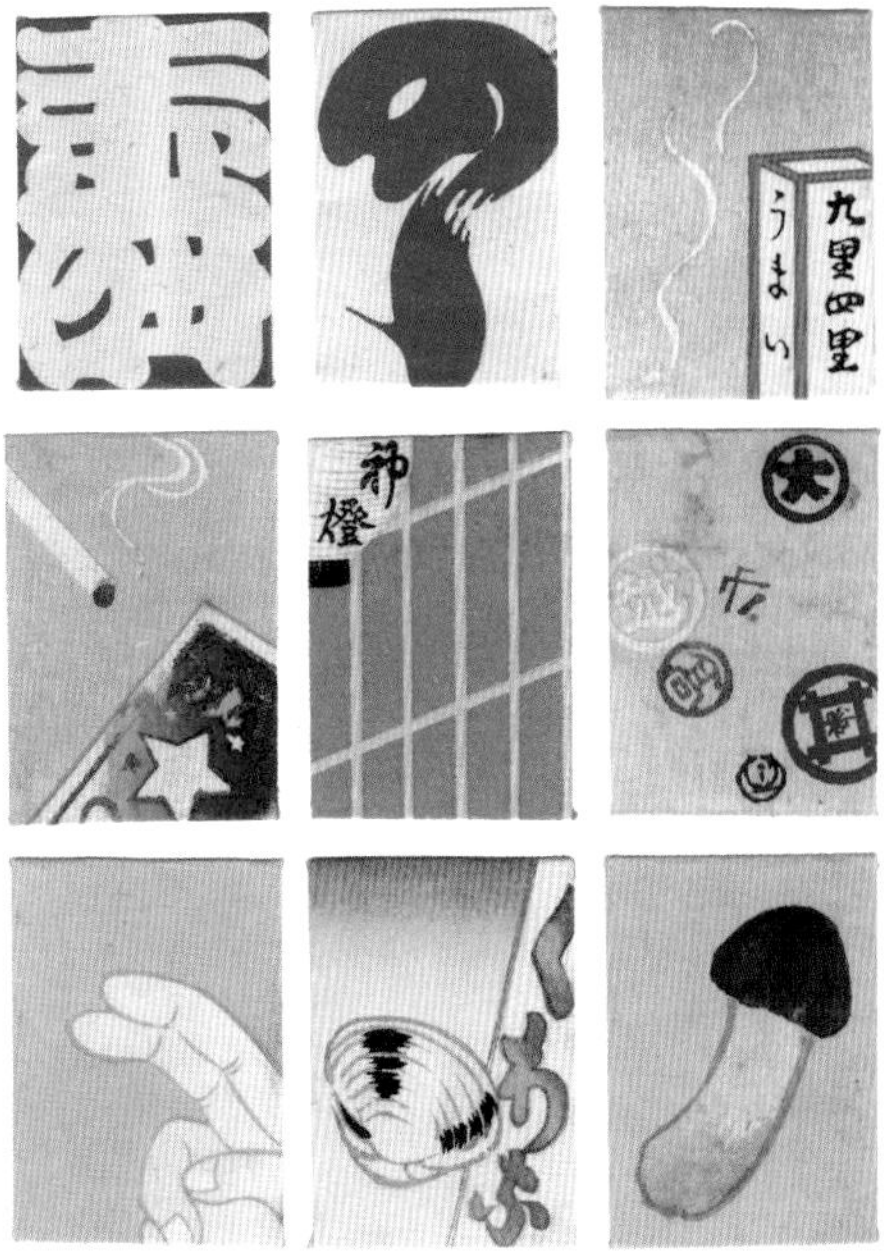

小銭用の素敵なぽち袋。とても種類が多い。
なかには、ちょっとエッチなぽち袋もありますが…。

かいちの絵封筒もご紹介

筒を約300枚も持っていたのですが、価値を知らずに長い間放っておいたのを、「小林かいち」研究家の生田誠氏が掘り出してくれたのですよ。思わぬ拾いモノでしたね。この調子じゃ、まだまだ自分のコレクションの中にお宝が眠っていそう。これだから紙モノコレクションは、止められないんだよね…。

かいちの絵封筒より。西洋的な街並みや細長い人物が、かいちの特色。

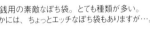

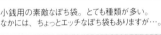

心付けを遊びましょう。

お世話になる人に感謝の気持ちを示すための心付けといえば、一般的に温泉旅館などで仲居さんに渡すなどは、みなさんも経験があるでしょう。もう忘れてしまうほど昔の話ですが、オイラの新婚時代、旅先の旅館で気まずい思いをしたことがありました。

目的旅館にルンルン到着、お部屋係の仲居さんが荷物を持ってお部屋までウキウキ、お茶を入れながらその土地の案内なども上の空でも愛想笑い、それでは…とか言いながらも、世間話を続けてなかなか帰ろうとしない仲居さん。でも、時々時間を気にしながら腕時計をチラチラ見たりして、えぇ…と、浴衣はこちらで…、あとは…、他に何かお聞きになりたいことはございませんか、本当によろしいでしょうかね…。そこまで来るとウキウキ気分も意気消沈。もう、早く帰ってくれよな…。そんなイライラがありました。なにしろオイラの新婚時代でしたから。

早く二人の世界に浸りたくて、仲居さんへの心付けを要求する態度に気付かなかった、若気の至りですね。おかげで、せっかく奮発した高級旅館でも、後味の悪さだけが印象に残ってしまったのです。あれ以来、オイラは「少ないですが、お世話になります」の心付け、ぽち袋を持ち歩くようになったのです。

今では、サービス料込みの旅館も多くなり、心付けを渡しても受け取らないところもあるようです。でも、心付けは美しい日本の伝統なのか、悪しき習慣なのかは別として、僅か2～3千円程度でもサービスが格段に違ってくる、今までにそんな経験も多かったのですよ。それも、ちり紙に包んで渡すよりも、粋なぽち袋の方が格段効果は大きいのです。それも経験ですよね。

ご紹介するのは、たぶん日本で最初のぽち袋のカタログ、「聚秀（しゅうしゅう）」（大正9年9月1日発行）です。京都の「芸艸堂（うんそうどう）」、「さくら井屋」、それと東京の「功藝社」で発売されていたぽち袋の現物を貼り付けた、京都の「廣尾松榮堂」発行のアルバムです。全二巻で180種類の木版刷りのぽち袋を見ることができます。料金は各巻三円二十銭、今に換算すると4～5万円もする豪華本。こんなに高価じゃ、気楽に配って〝ぽちぽち洒落る〟なんてことは出来ませんよね。いったい何冊製作されたのかは知れませんが、このような本が創られるほど、ぽち袋を集める人は多かったのでしょう。また当然、その中から、粋に使う方も居たはずですよね。

オイラが集めているぽち袋は、「聚秀」に貼られているような木版刷りがほとんどで、当然それらを使うことはありません。しかし、今でも京都の「芸艸堂」、「さくら井屋」では、当時と同じ絵柄の実用品が5枚入り500円ほどで販売されていますよ。また、自分でもパソコンで創ることができます。以前、オイラと銭湯研究家の町田忍氏との共著で、「慶祝浪漫」なるトレーディングカードと、おめでたい絵柄のぽち袋を創ったことがありました。慶祝といっても、ダジャレな絵柄が多く、お金だけじゃなく、使用済の切手を入れ、切手を集めていない連中にも受けました。特に、パケットで安く売られていた外国切手が人気でしたよ。

ちょっとした心付けでも、粋なぽち袋で貰った人には良い印象と、渡す側のセンスに一目置かれるはずです。ぽ

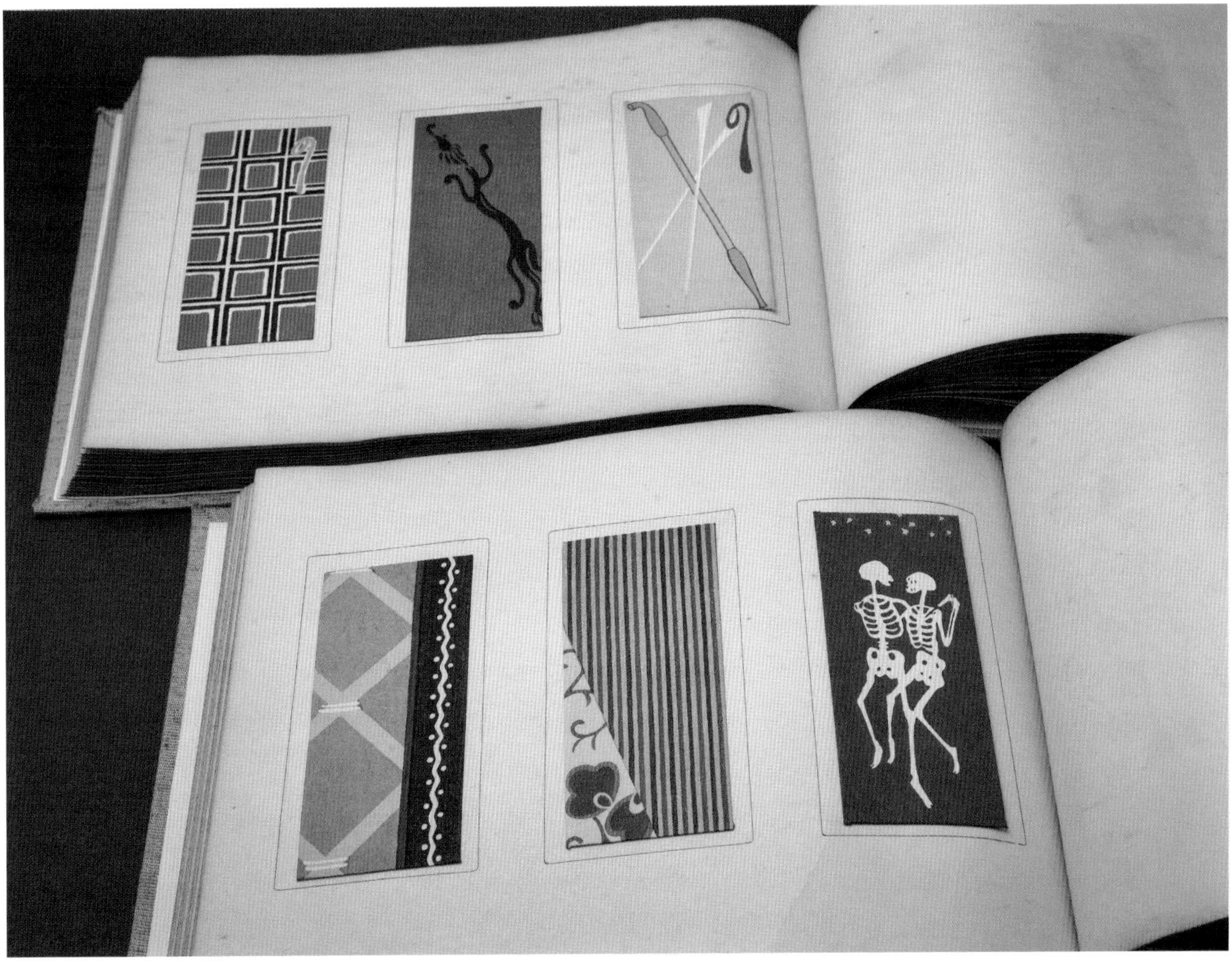

日本で最初のぽち袋のカタログ「聚秀」を開いたところ。中には、180種類の現物の木版刷りぽち袋が収められている。壱と貳の豪華本二巻からなる。

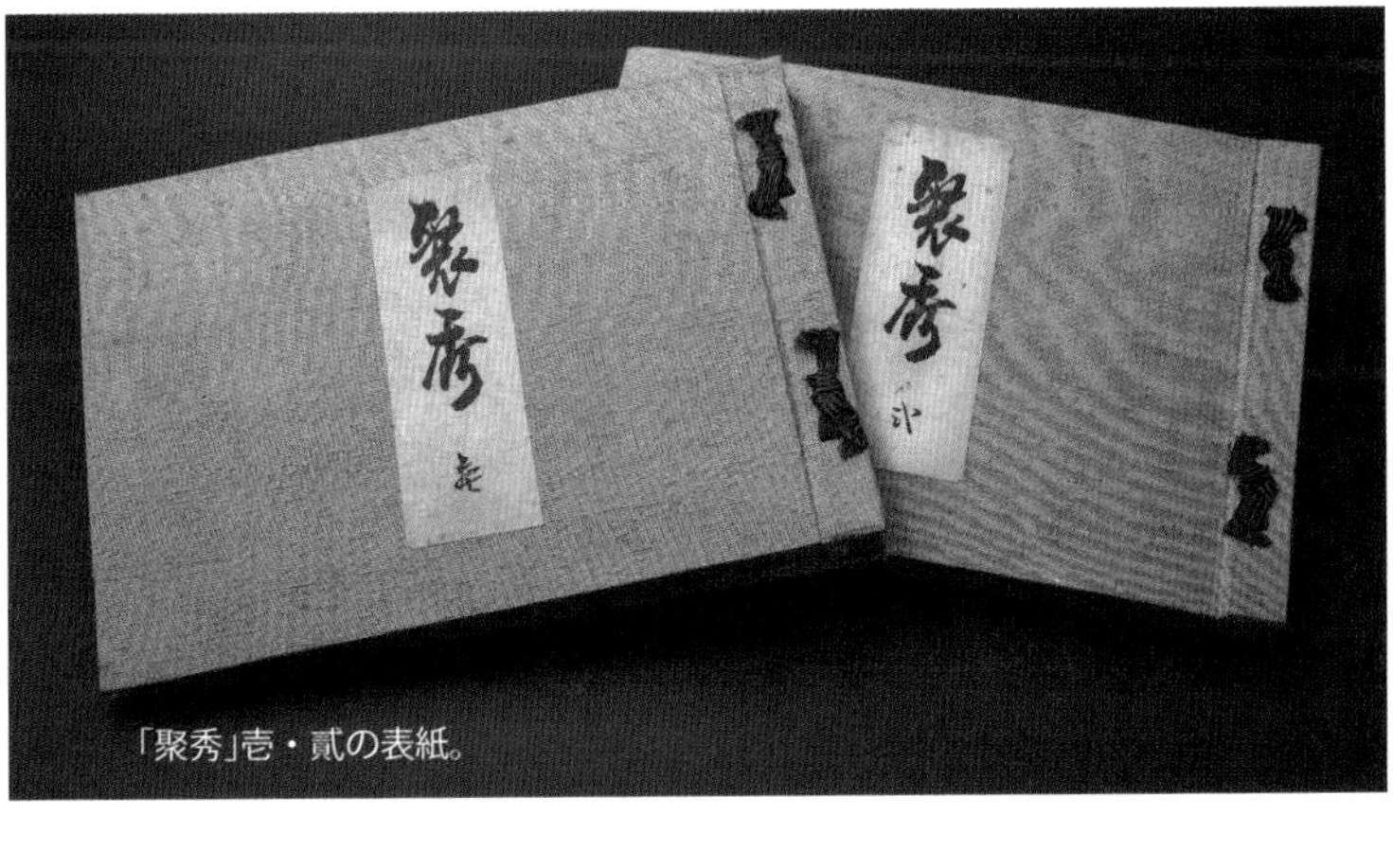

「聚秀」壱・貳の表紙。

ち袋は正式な御祝とは違って、直接手渡しで大いに結構。オイラなんかは、ちょっとしたパーティの席でも特製のぽち袋を持ち歩き、好みのコンパニオンさんにでも出会ったら…、人知れずそっと手渡せたら…、それだけで気分的に宴席は盛り上がるのです。あくまでも気分的に…、ですけどね。そんな時には、当然切手は入れません。

火消しの纏《まとい》

オイラは火消し装束フェチとでもいいましょうか、半纏に股引姿の江戸火消しスタイルに魅力を感じ、鳥肌が立つほど興奮してしまうのです。

さて、江戸町火消しの纏をデザインした十枚組のぽち袋、「江戸の花　纏の振込ミ　祝儀袋」。ぽち袋交換会用として創られた東京益川製のこのシリーズ、江戸町火消しすべての纏を、第一集から第五集に別け、組の纏と半纏の背文字を配し、「消し札」に組名を入れた意匠です。

最近では、携帯電話のストラップなどに、この「消し札」をぶら下げるのが流行っているようですが、本来の目的は、火事の延焼を防いだところに町火消しが掲げた札で、組自慢の象徴だったのですよ。このように、「消し札」や「纏」、どの意匠をとっても、共に後へは引かぬ江戸火消しの心意気の証を、「意気（粋）」といったようですね。

同じような意味で「鯔背《いなせ》」という言葉もありますが、こちらは漢字（鯔《ぼら》の背）を見て判るように、気っ風の良い魚河岸の連中のことを指しているのです。それで、「粋で鯔背な…」と合わせてしまったのは、江戸っ子のやせ我慢と反骨精神を重ねた造語だったのかも。あくまでも、オイラの憶測ですけど…。

「江戸の花　纏の振込ミ　祝儀袋」のたとう

いろはかるた

オイラの年賀状を見た友人の指摘、「年が明けると言っても良いけど、新年が明けるってのはねえ」と、そんな屁理屈で「世間知らず」と言われてもね…。

オイラのコレクションの中には、お正月にちなんだお馴染みの「いろはかるた」を模したぽち袋があります。その中に「ゐものにへたのごぞんじないか」があって、芋を煮るのはごく簡単なことなのだが、それさえ出来ない「世間知らず」を皮肉った言葉だよ。

「世間知らず」とは性格が悪いのではなく、知識や経験がないだけで、自分の行動が常識的に変だとは知らないで過ごしていること。こんな札があるってことは、かるた遊びに常識なんてないってことを言いたいのかな。それより浮世離れた文章を平気で記している、オイラみたいなののことをいうのかな。

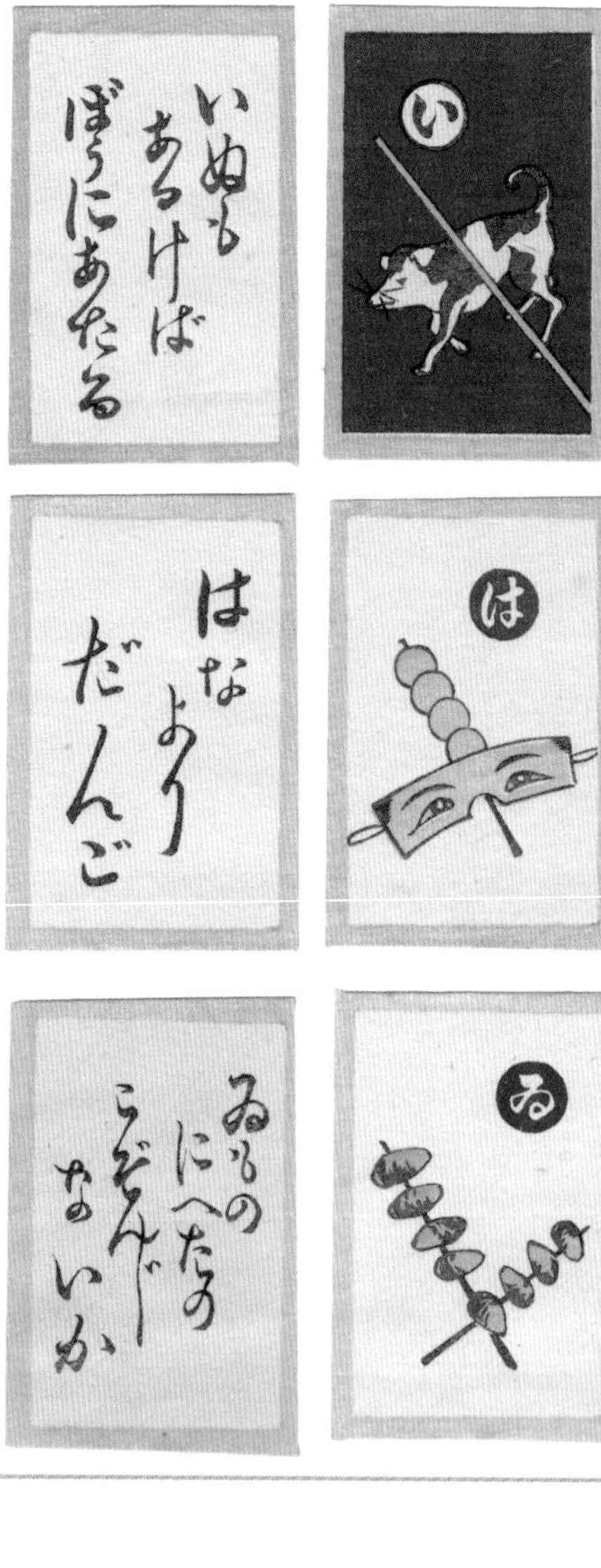

「いろはかるた」ぽち袋の読み札「い」「は」「ゐ」（左）と取り札「い」「は」「ゐ」（右）。

「いろはかるた」ぽち袋のたとう

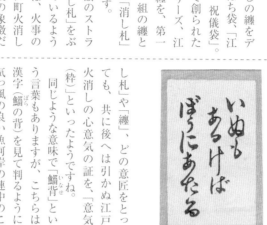

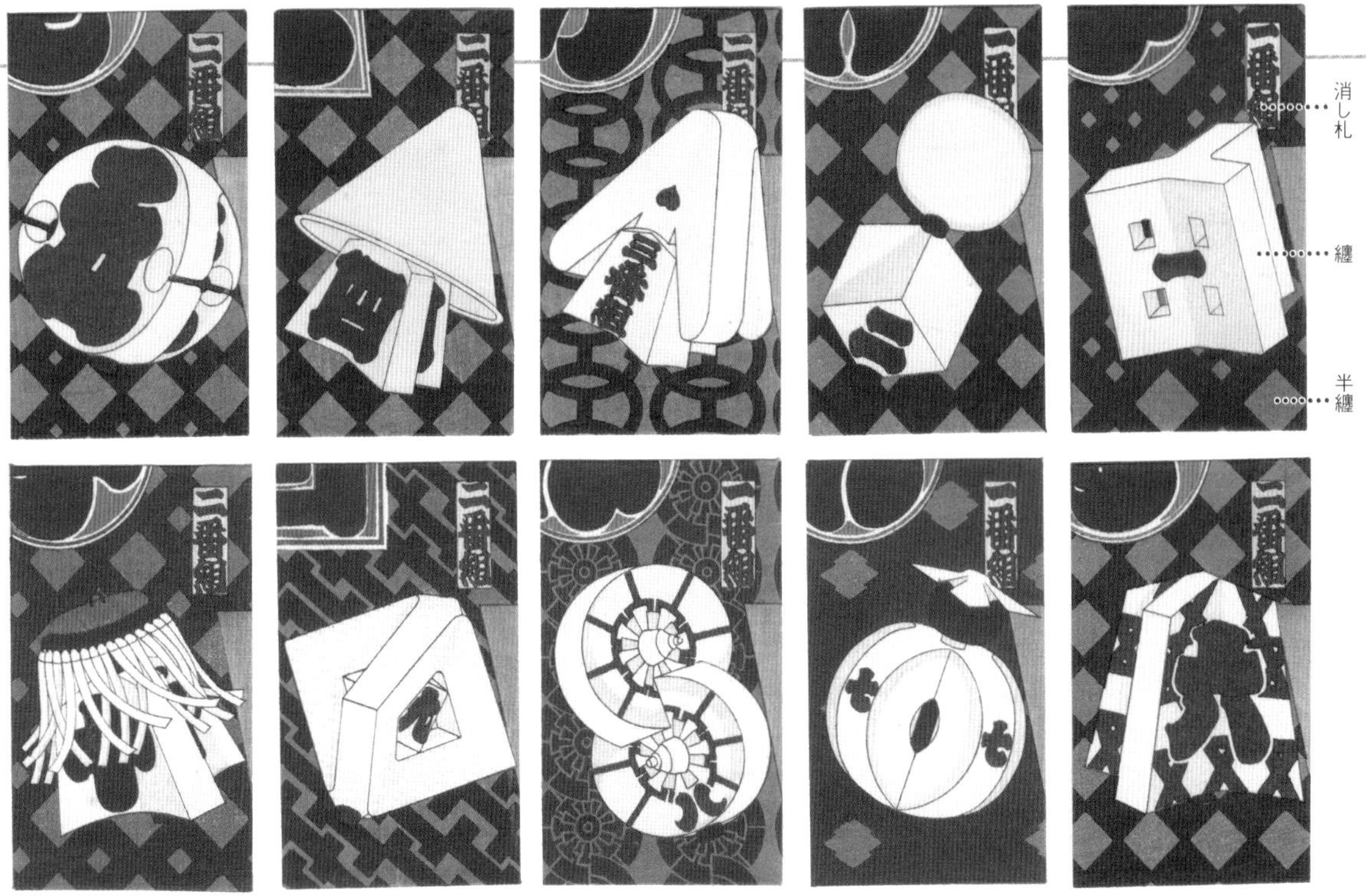

「江戸の花　纏の振込ミ　祝儀袋」ぽち袋の一部より。江戸町火消しの四十八組が勢揃いする。

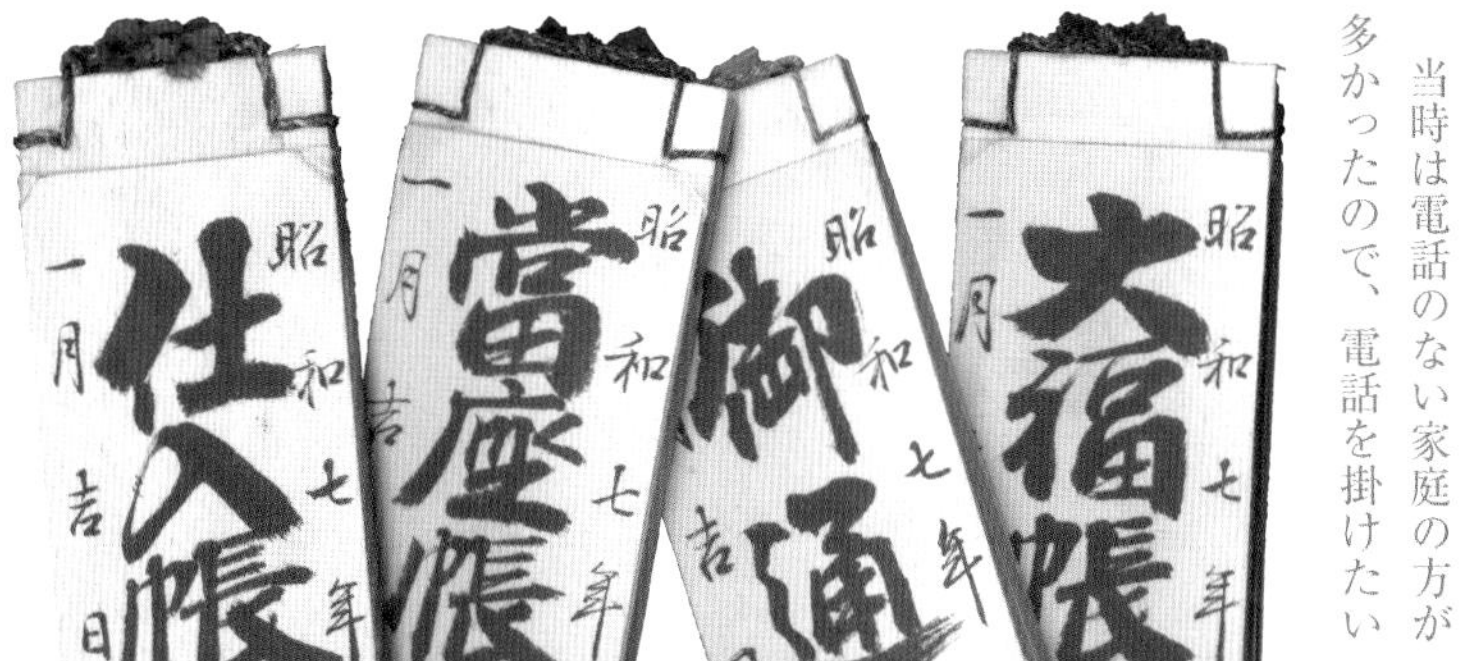

「大福帳」に見立てたぽち袋。それぞれ10枚のぽち袋が糸で綴られている。

大福帳

オイラの実家は商売をしていて、「大福帳」は、いつも電話の横に置かれていました。当時の電話機は、今のようにダイヤルはなく、電話機の横のハンドルを回して交換手を呼び出す方式でした。受話器を上げてハンドルを数回回すと交換手が出て、接続先を告げるのです。

当時は電話のない家庭の方が多かったので、電話を掛けたい時には、近所の家に借りに行くのが当たり前でした。市内電話は一回10円ですが、市外通話となると通話を終えて受話器を置き、交換手から「ただ今の電話料金は○○円です」との連絡が入るまでしばらく待たなければいけません。それまで、お茶を飲みながら待つのは良いけど、電話代は貰えてもお茶代は貰えなかったんだよね、細かいけど…。

それは良いとして、オイラにとって気の毒だったのは、しょっちゅうかかって来る、「もしもし、向かいの飯原さんを呼び出してください」、だったんだよね…。その都度、飯原さん家まで走らされたんだよ。飯原さん家はお菓子屋さんで、お得意さんからの電話が多く、いつも「大福帳」を抱えて走って来るんだよ。

どうして頻繁に飯原さん宛の電話が掛かってくるんだろう。ある日、机に置かれた名刺を見て納得したよ。飯原さんの名刺に、我が家の電話番号が記され、「呼出」となってたよ。まったく、自分の商売で我が家を利用するなよな…。

これを判じてごろうじろ。

　オイラは、紙モノ全般コレクター。紙モノの王者といえば浮世絵版画ですね。でも、高い浮世絵なんかは興味がありません。というか、買えないから。歌麿や北斎・広重なんて有名人にこだわらなければ、神田の古書街を巡ると、当時物でも2～3千円で買える浮世絵がたくさん売られているのですよ。本を切り抜いた「挿絵」、未裁断の「団扇絵」、三流画家の「役者絵・武者絵・鯰絵・見立絵・春画」、明治初期の「横浜絵・新聞錦絵」、切り抜いて遊ぶ「立版古(たてばんこ・左)」などなど、どれをとっても、安くても充分に酒の肴として楽しめるんだよね。

立版古の例「新版 ゆうびんいれ」。はさみで切り離し、組み立てると郵便ポストができあがる。
郵政博物館提供

　そんな浮世絵の中に、文字や絵画である意味を隠し、それを当てさせようと庶民の間で親しまれていた遊び絵があります。二つほど例にとってみると、『俎上(そじょう)の鯉、見つめる男の頬に蝶』…？　もうひとつ(下図)、『「あ」の頭をした男が、「さ～」っとおならをすると、後ろの男が鼻つまむ』…？　俺が昔夕焼けだった頃、弟はこやけだった、わかるかな、わかんないだろうな…、さあこれを判じてごろうじろ。遊び心いっぱいの謎解きで、今でいう一こま漫画ですね。

　『俎上の鯉』は、窮地に立たされても慌てず泰然としている男でも、包丁があったら食してみたいとの下心。人前での言動と内心とが相違する人を比喩していて、オイラのような男のこと。これには酒の手も止まってしまったよ。

　次の、『「さ～」っとおなら』は、江戸名所の代表格といえば、朝の魚河岸、昼芝居小屋、そしてとどめの吉原遊郭、日に千両の金が動いた繁華街。生ゴミ臭いし、芝居も臭い、女郎のそぶりは更に臭い。臭さまでもが三つも揃ったそんな街。オイラが住んでる「浅草」だよ。どちらも意味深いでしょ。これらの絵を称して、「判(はん)じ物」というのです。

　さて、左ページの「ぽち袋」は「判じ物」から派生したであろう「洒落物」です。「名鳥銘木づくし」と題された6枚組で、鳥と木の組み合わせにより意味を表しているのですが、かなりのこじつけなんだよね…。

歌川重宜「江戸名所　はんじもの」(部分)　稲垣進一氏提供

「名鳥銘木づくし」6枚の意味するところ、わかるかな、洒落物クイズ！

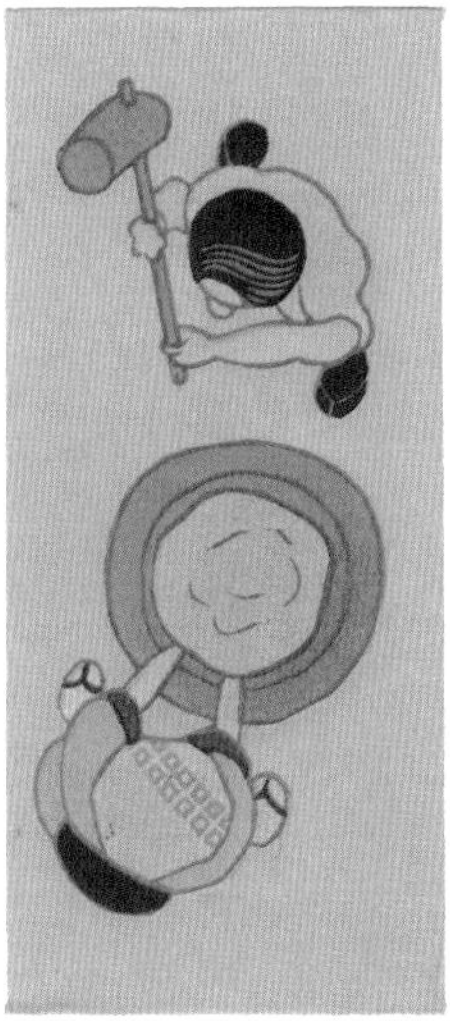

② うす鳥・もちつ木

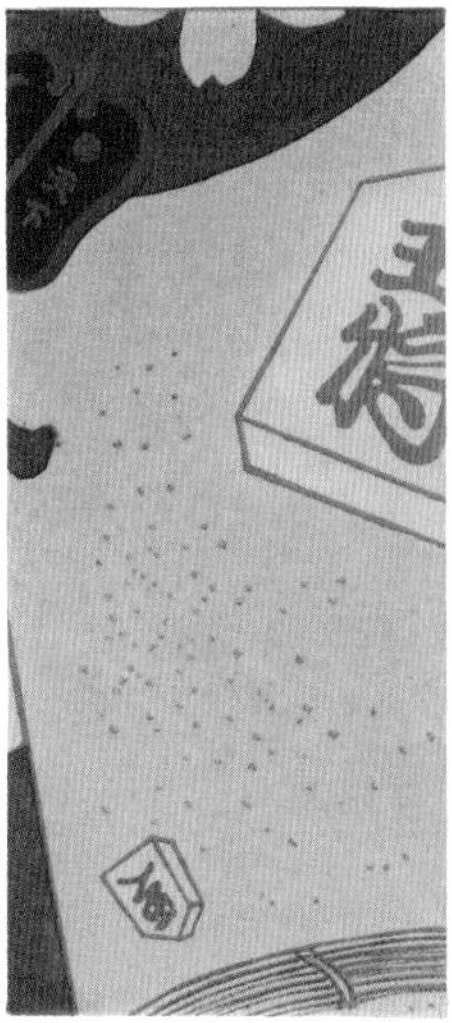

③ せき鳥・ふんどしかつ木

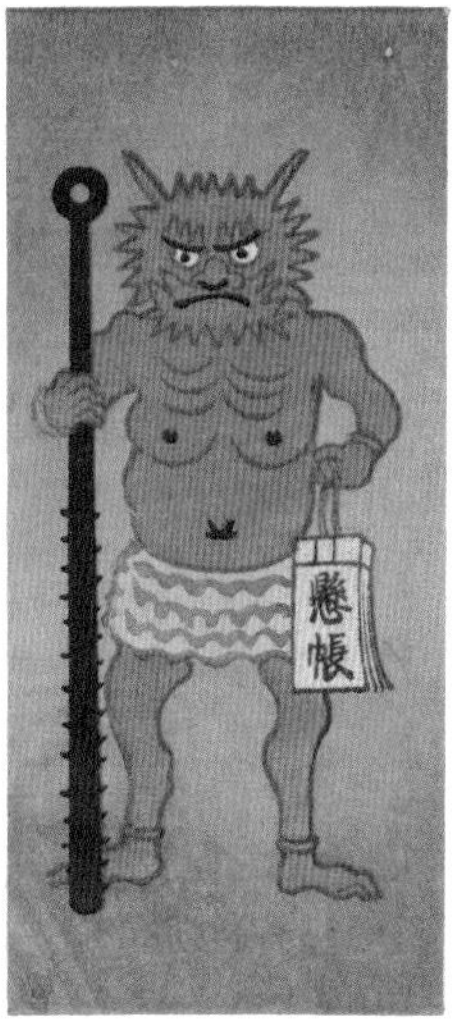

④ 志ゃっきん鳥・せっ木

① 名鳥銘木づくし　たとう

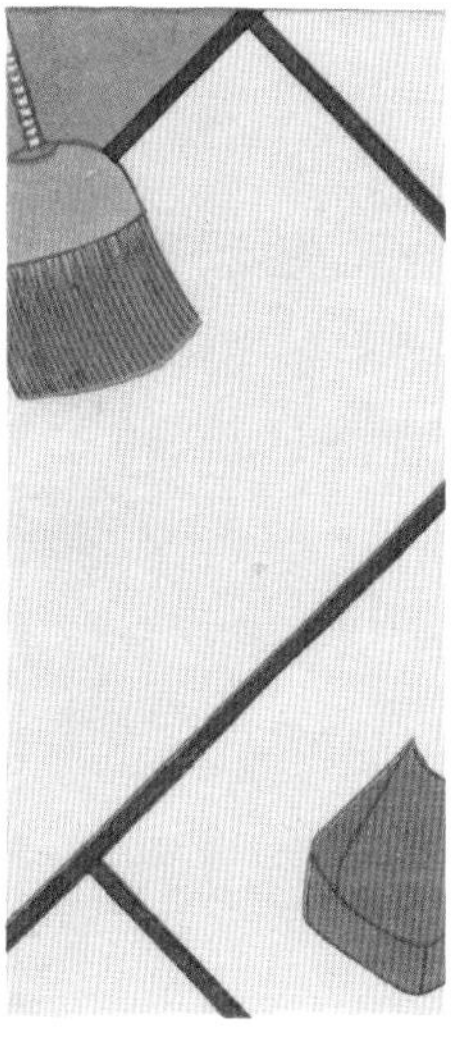

⑤ ちり鳥・ほう木

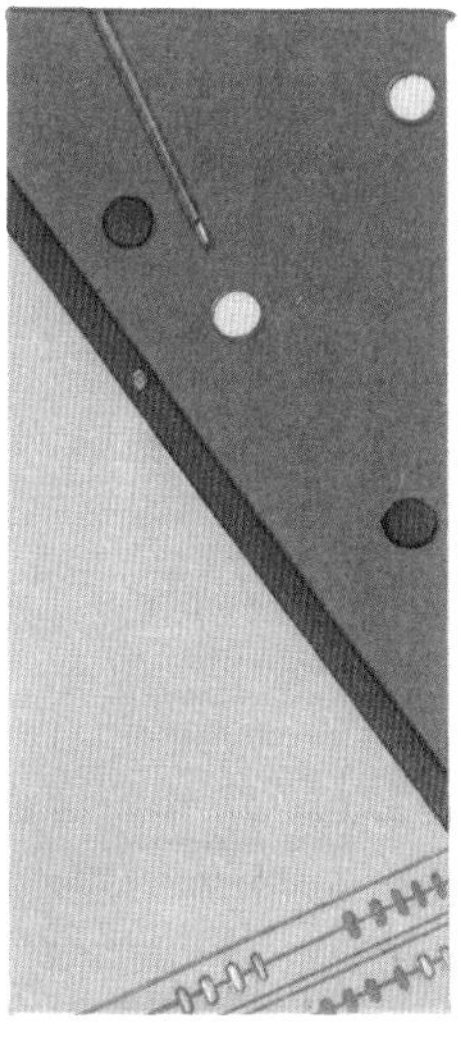

⑥ ゲーム鳥・たまつ木

⑦ げっきゅう鳥・すてっ木

答えは…

① たとう（袋）：これだけは鳥でも木でもなく、まったく意味不明なんだよね…。どなたか判りましたら御教示ください。
② うす鳥（臼取り）・もちつ木（餅搗き）：もちつきと相づち、互いに協力夫婦円満。
③ せき鳥（関取）・ふんどしかつ木（褌担ぎ）：長いものには巻かれろ、上司に楯突いても始まらないってことかな。
④ 志ゃっきん鳥（借金取り）・せっ木（節季）：節季とは年の暮れ、容赦なく借金取りにやって来る、鬼のような大家さんを表しているのでしょうね。
⑤ ちり鳥（塵取）・ほう木（箒）：亭主元気で留守が良い。居なけりゃ掃除も楽になる。
⑥ ゲーム鳥（ゲーム取り）・たまつ木（玉突き）：まだパチンコがなかった昭和初期のサラリーマンの遊びといえば、玉突きだったとか。
⑦ げっきゅう鳥（月給取り）・すてっ木（ステッキ）：月給によって生活をする人をサラリーマン。年に二度の嬉しいボーナス、取り敢えず、取り合いだけは止めましょう。何がいいたいぽち袋、これはサラリーマンの悲喜こもごもだよね。ところで、このぽち袋、サラリーマンのなけなしのお小遣いをはたいて、いったい誰にあげるつもり…。
「世のサラリーマンよ悪意を抱け」　赤川次郎

青のぽち袋

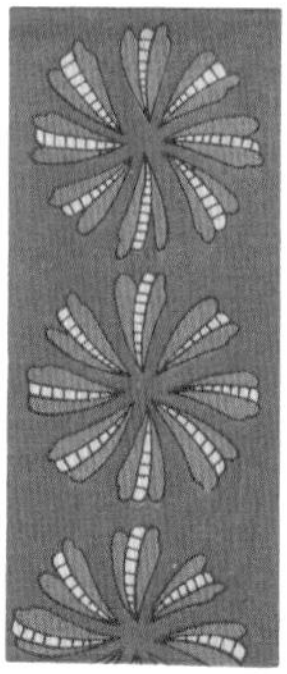

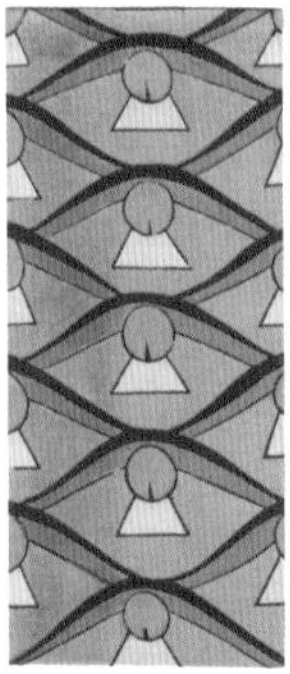

茶のぽち袋

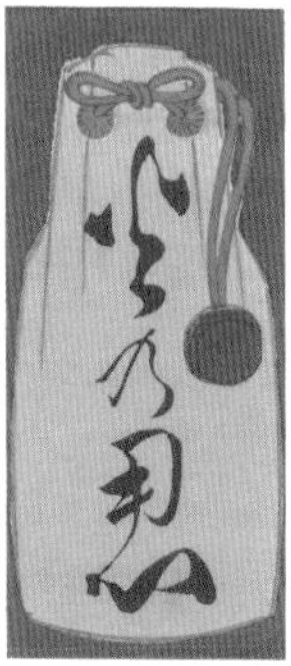

緑のぽち袋

赤のぽち袋

ぽち袋アラカルト

最近のぽち袋は、印刷による大量生産がされていますが、初期（大正期）は和紙に木版刷りなので、大量生産が出来ず、人気のぽち袋は版を重ね、同じ絵面の版違いを見付けるのも楽しみの一つです。

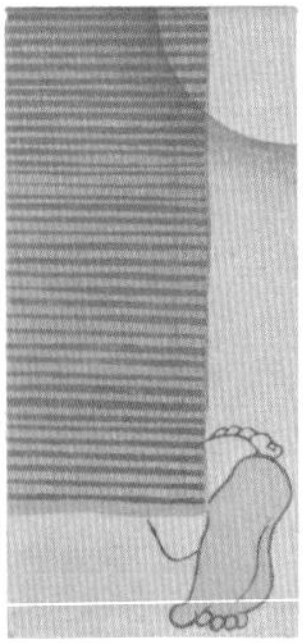

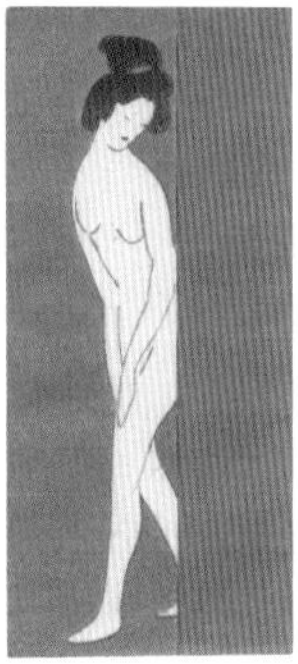

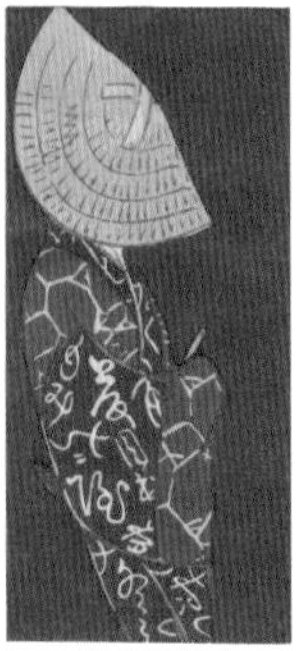

第五章

寸葉愛——小さきものへのまなざし

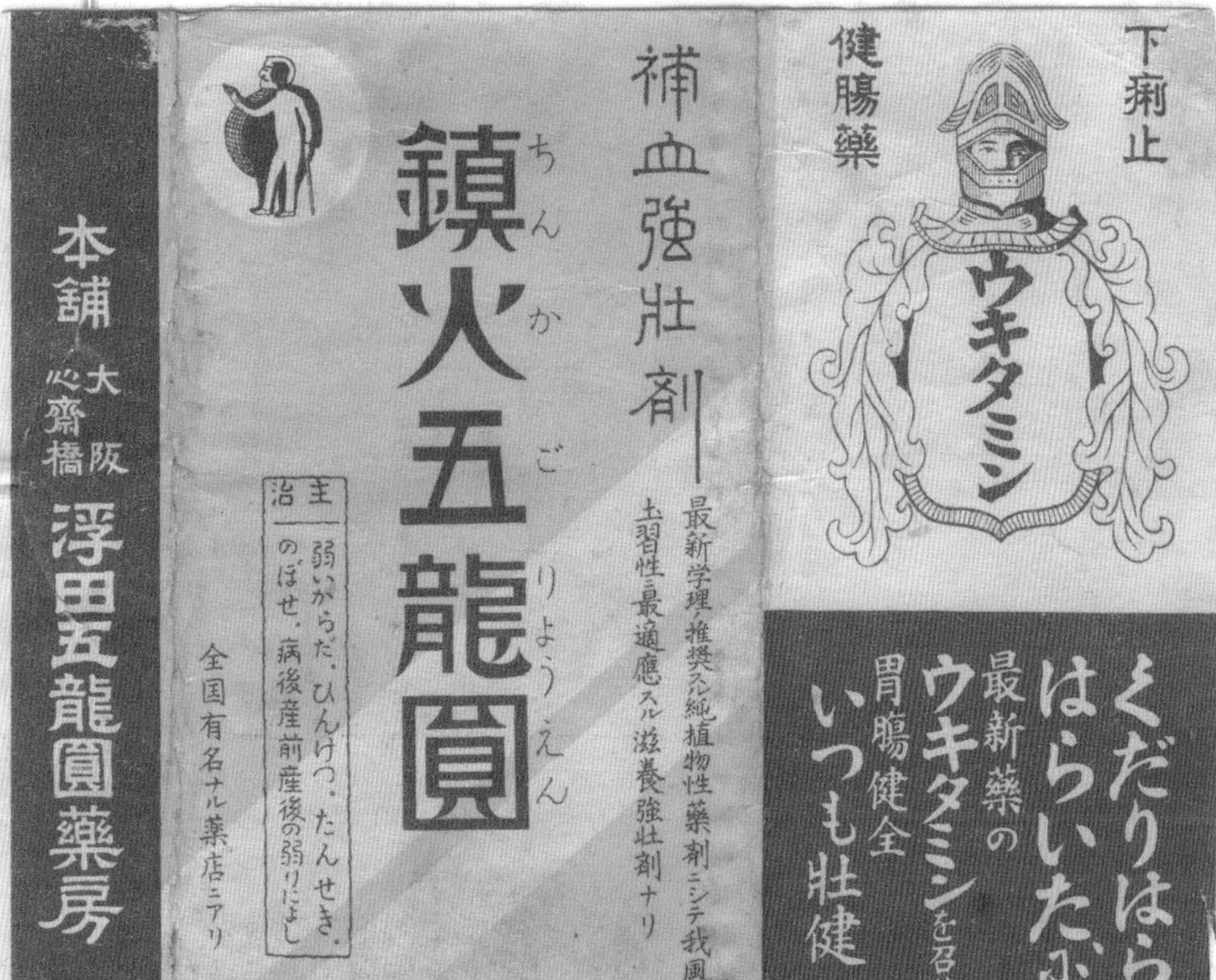

明治のブックマッチ。補血強壮剤「鎮火五龍圓」、下痢止健腸薬「ウキタミン」（浮田五龍圓薬房）の広告。

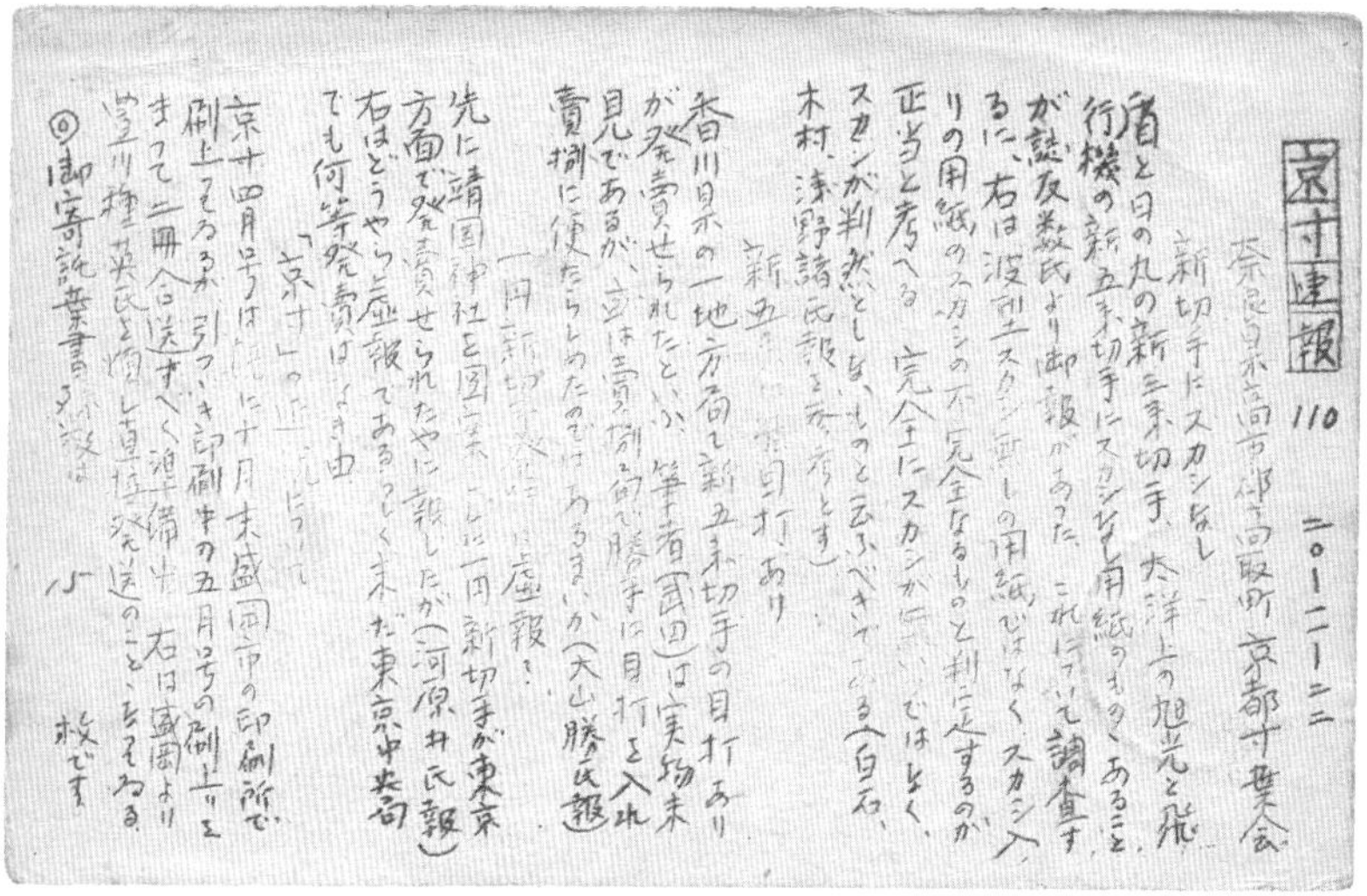
京寸速報
110

終戦後、ガリ版刷りで発行が続けられた郵趣界のはがき通信「京寸速報」。切手の博物館所蔵（天野安治氏寄贈）。

燐票のわき道、個人票

かつてオイラの友人が、終戦時下の郵趣界で情報を発信し続けた、はがき通信「京寸（京都寸葉）速報」というガリ版刷りの合本を自慢していた。戦況の激化で郵趣誌が次々に休刊するなか、かろうじて出されたものだけど、オイラは、内容よりも「寸葉（すんよう）」の二文字が頭にこびりついていたのです。「寸葉」とは、蒐集趣味の対象となる小紙片で、戦前の趣味界で使われていた言葉。まさにオイラの蒐集そのもののズバリ。「寸葉」の境界線はあやふやだけど、いつかタイトルに使ってみたかったもので…。

それでは、オイラの小さきものへのまなざしを綴ってみることにしますね。昭和10年代の「蒐集趣味研究会」の「現代趣味品見立百番附」（左）によると、横綱「古銭・切手・絵葉書・書画」、大関「燐票・納札」、関脇「玩具・乗車船券類」等々、やはり蒐集は「寸葉」が多いことがうかがえますね。蒐集はだれでも出来ますが、それをどこまで深く探り、また、どこまで命をかけているかが、蒐集家の目安なのですよ。

その中でマッチラベル、いわゆる燐票（りんぴょう）もオイラの「寸葉」。燐票を大きく分類すると、市販品「本票」（18ページ参照）、宣伝用に配布した「広告票」、そして、収集家が趣味で制作した「個人票」が存在します。燐票蒐集を趣味とする者を燐票家と称し、かつて、柳田国男や落語家五代目桂文楽も燐票家でした。明治36年に、福山碧翠、古屋蘭渓らによって、「日本燐枝錦集会」という交換会も催されるようになり、それに伴って、既存のラベル蒐集に飽きたらずに自作の木版燐票の交換・蒐集も流行したのです。そんな木版燐票には、本職の絵師、彫師、刷り師による豪華な作品も多いけど、「本票」や「広告票」と一線を画する〝わき道〟的な存在ですけどね。

これら、木版燐票は昭和15年頃に日本が戦争へと向かう中でその姿を消していきますが、単に燐票蒐集の一形態としてのみならず、昭和初期の文化・芸術を現在に伝えるたいへん貴重な存在でもあり、蒐集に励んでいるのです。
　余談ですが、もちろんオイラも個人票があります。蒐集界では本名以外につける雅号で呼び合うことも多く、オイラのガラクタ道を、「桃泉坊（とうせんぼう）」、古銭蒐集の泉号は「饒寶泉（じょうほうせん）」を、名乗ってますが、どっちも名乗るほどの者じゃありませんけどね。

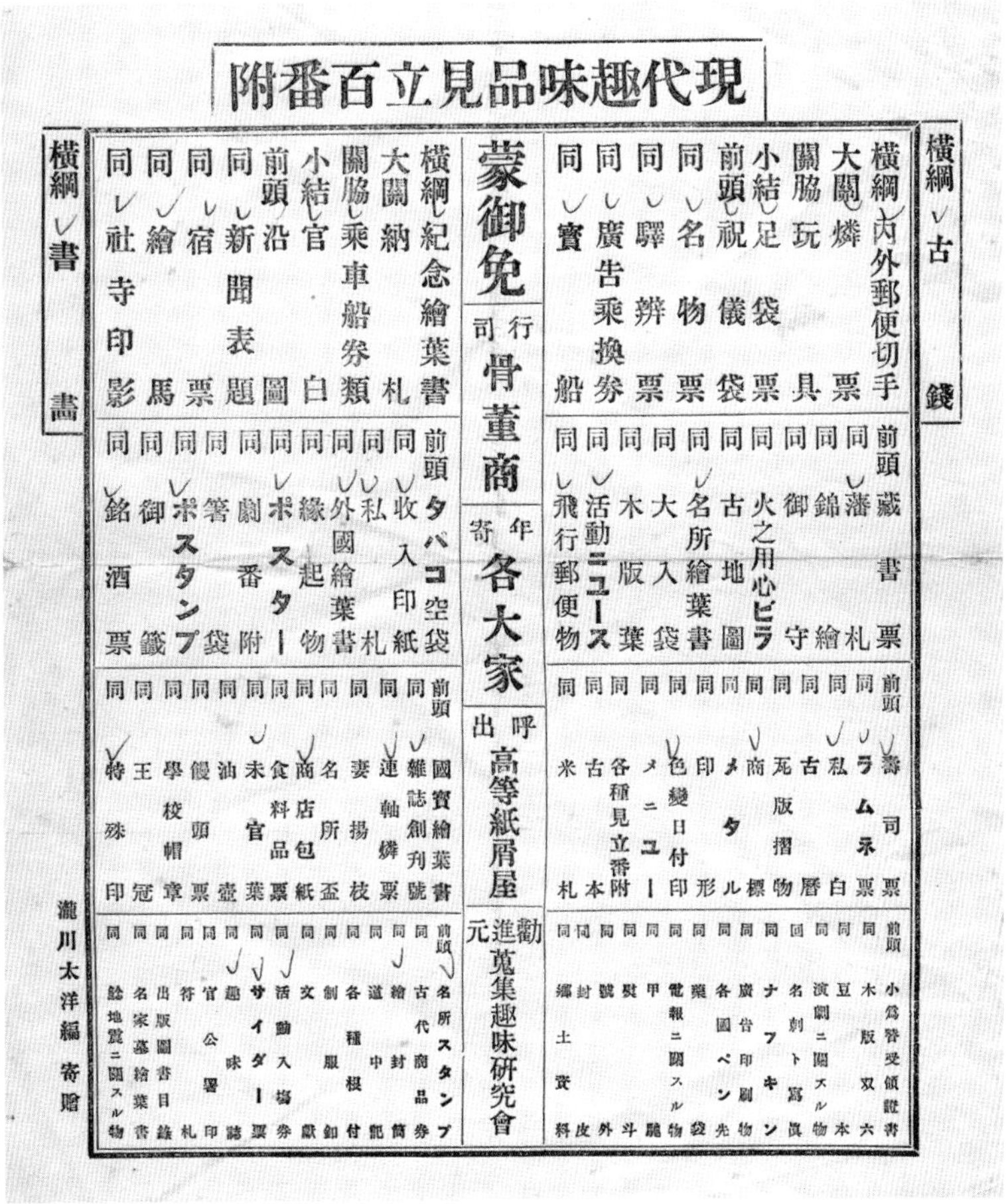
現代趣味品見立百番附

蒙御免

横綱　古錢

横綱　内外郵便切手
大關　燐票
關脇　玩具
小結　足袋票
前頭　祝儀袋
同　名物票
同　驛辨票
同　廣告乗換券
同　寳船

前頭　藏書票
同　瀋札
同　錦繪
同　御守
同　火之用心ビラ
同　古地圖
同　名所繪葉書
同　大入袋
同　木版葉
同　活動ニユース
同　飛行郵便物

前頭　壽司票
同　ラムネ票
同　私白
同　古暦
同　死版摺物
同　商標
同　メタル
同　印形
同　色變日付印
同　メニユー
同　各種見立番附
同　古本
同　米札

前頭　小爲替受領證書
同　木版双六
同　豆本
同　演劇ニ關スル物
同　名刺ト寫眞
同　ナフキン
同　廣告印刷物
同　各國ペン先
同　藥袋
同　電報ニ關スル物
同　甲冑
同　熨斗
同　號外
同　封皮
同　郷土資料

行司　骨董商
年寄　各大家
呼出　高等紙屑屋
勧進元　蒐集趣味研究會

横綱　書畫

横綱　紀念繪葉書
大關　納札
關脇　乗車船券類
小結　官白
前頭　沿圖
同　新聞表題
同　宿票
同　繪馬
同　社寺印影

前頭　タバコ空袋
同　收入印紙
同　私札
同　外國繪葉書
同　緣起物
同　ポスター
同　劇番附
同　箸袋
同　ポスタンプ
同　御籤
同　銘酒票

前頭　國寶繪葉書
同　雜誌創刊號
同　運軸燐票
同　妻揚枝
同　名所盃
同　商店包紙
同　食料品票
同　未官葉
同　油壺
同　饅頭票
同　學校帽章
同　王冠
同　特殊印

前頭　名所スタンプ
同　古代商品券
同　繪封筒
同　道中記
同　各種根付
同　制服釦
同　文獻
同　活動入場券
同　サイダー票
同　趣味誌
同　官公署印
同　符札
同　出版圖書目錄
同　名家墓繪葉書
同　鯰地震ニ關スル物

瀧川太洋編　寄贈

「現代趣味品見立百番附」（昭和10年代）蒐集趣味研究会による趣味の人気番付。

福山碧翠ほか、交換会「日本燐枝錦集会」の収集家たちの個人票。

小林好燐

中瀬徳秀

尼崎錦香

福山碧翠

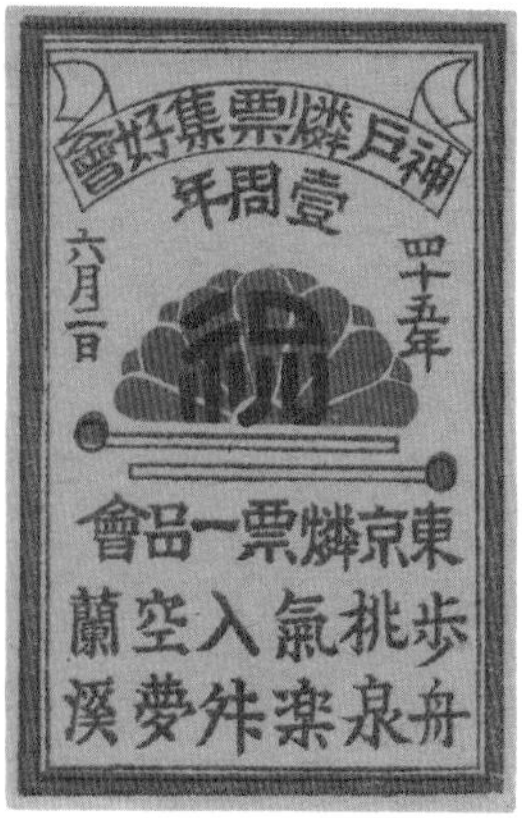

祝・神戸燐票集好会1周年
（東京燐票一品会）

國方成齋君東上歓迎
（日本燐枝錦集会・古屋蘭渓）

福山翁来阪歓迎
（大阪燐枝好友会）

歓迎伊太利フェラリン・マシエロ
両中尉飛行来朝（鎮目桃泉）

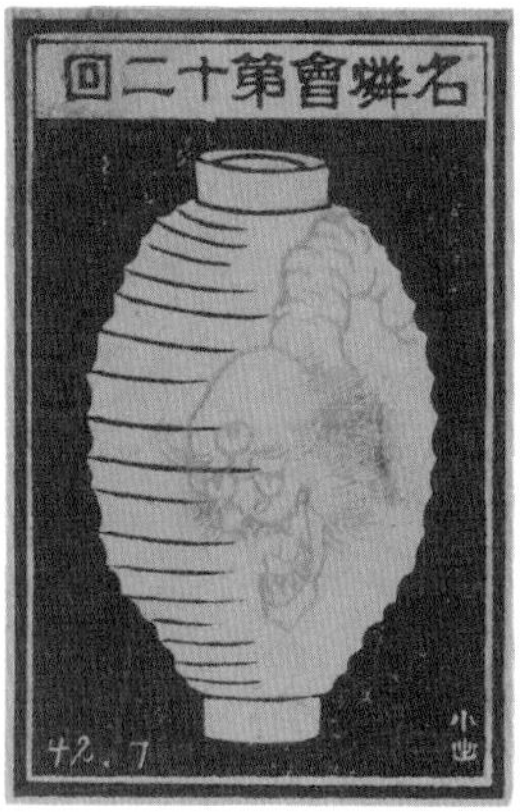

名燐会第十二回
（小出）

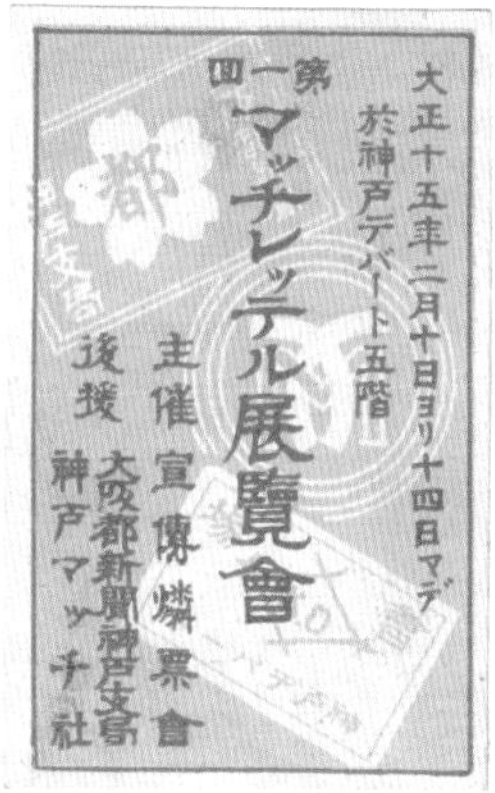

第一回マッチレッテル展覧会
（主催 宣伝燐票会）

第四回交換会 大阪
（ひさきち）

個人票
コレクション

燐票家が名刺代わりに制作したのが個人票です。個人票とはいえ木版和紙刷の本格派で、有名燐票家や有名絵師による票は、それなりの価値で取引されおります。

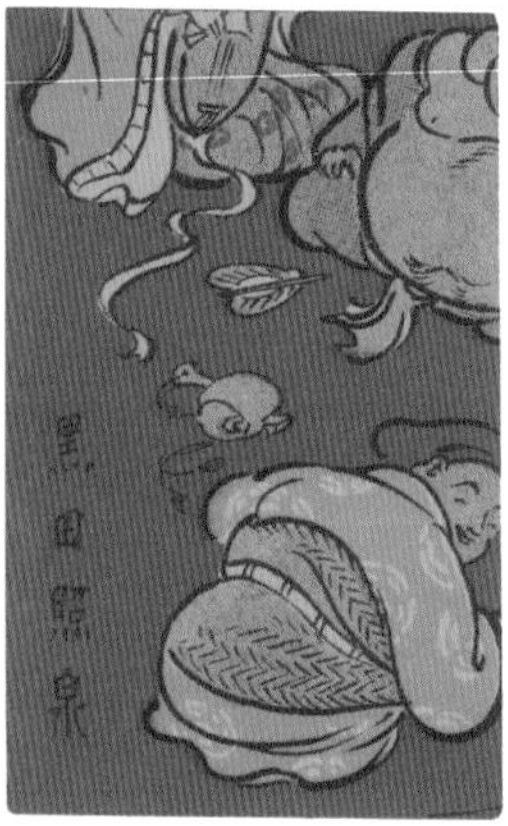

（黒田照泉）

七福神 七倒八起
（内山宝玉）

（南 吉次郎）

キネマと劇博覧会紀念
（南 吉次郎）

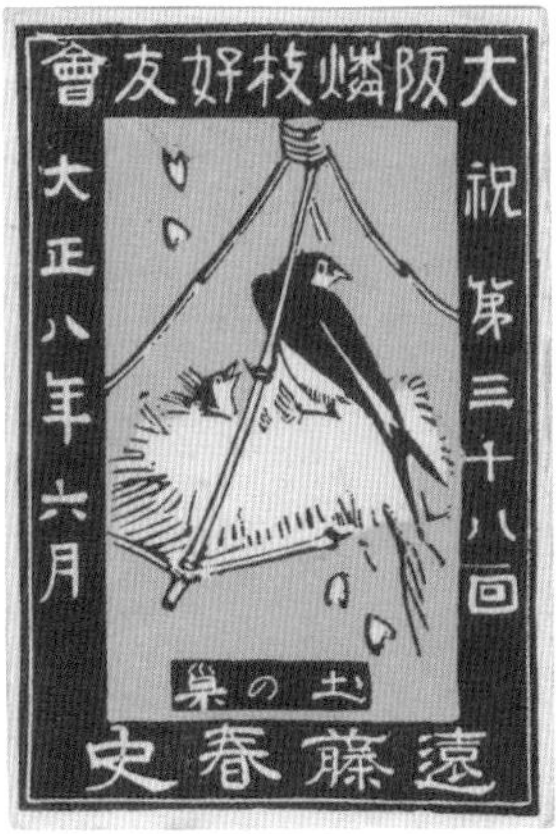

祝・第三十八回大阪燐枝好友会
（遠藤春史）

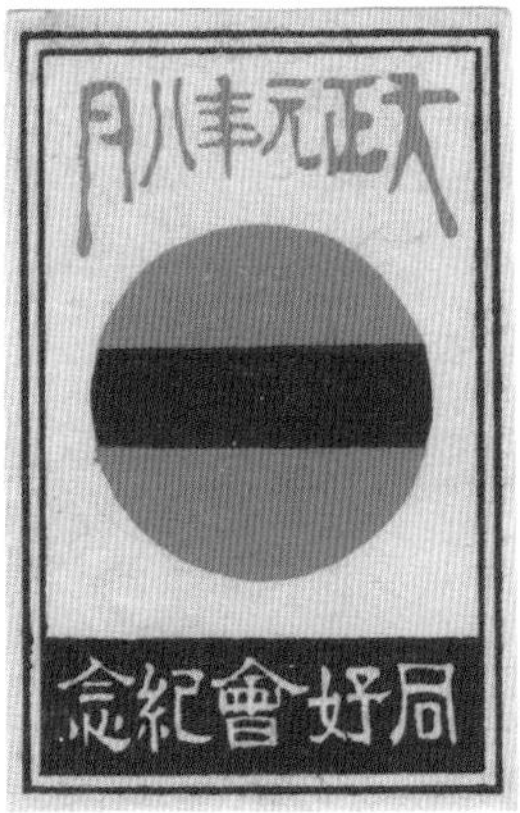

大正元年八月 同好会紀念

会員一同様
（油谷 藤井 中西）

燐枝集好会秋季大会
（神戸 石井 中西）

贈鎮目桃泉君 祝一万種燐票
（齋藤空夢）

銀婚記念
（内山宝玉）

御婚礼御祝
（五島）

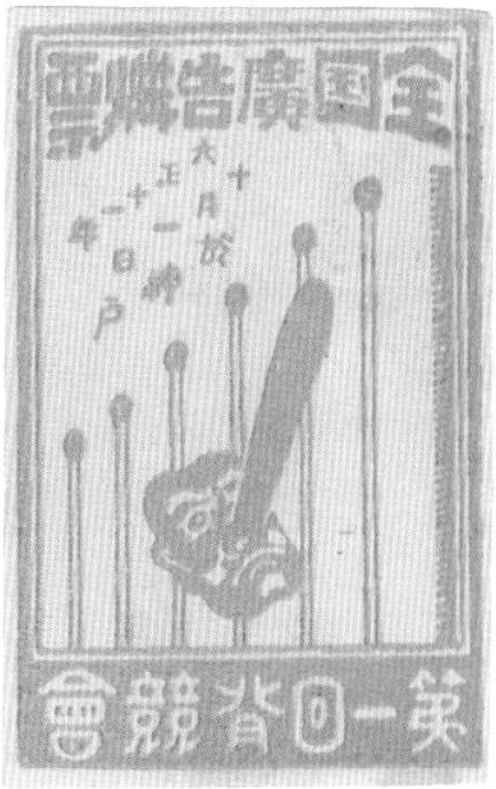

全国広告燐票第一回背競会 神戸

愛燐宗宝物院
（執事 日野庸心）

暑中御伺
（芳本倉太郎）

祝・國方君燐票二万余種蒐集
（河田角一寄贈）

（尼崎錦香）

男は度胸・人生勉強・競馬は調教

オイラが小学2年生まで父親は警察官で、寒村の交番兼住宅で暮らしていたよ。のどかな田舎だけど、結構事件や事故も多かったので、父親はほとんど交番に居られなかったね。でも、お正月だけは家族揃ってカルタ取りで遊んでくれたよ。今でも鮮明に記憶しているお正月の出来事、あれは、小学校に上がる年の元日の夜だったね。本署からトラックで大勢の警官がやって来て、父親を連れて出かけて行ったのでした。おかげで、楽しいカルタ取りは中途半端に終わり、夜も更けてきたので床に就かされてしまったよ。

その夜中、突然の怒鳴り声で目覚めたね。いったい何事だ、ふすまから交番を覗くと、近所の顔見知りの人たちが手錠をかけられて、本署の偉い人に叱られていたよ。取り調べは夜明け近くまで続いて、いったい何が起こったのか解らず睡魔に襲われてしまった、ご幼少のオイラ。後で知ったのは、近所の方が正月賭場を開張し、負けた奴が警察に通報したとか。まったく男らしくない奴、高倉健の爪の垢でも煎じてやりたいね。

その翌朝、交番と兼用のトイレに行く途中の机の上に残された、トランプのようなカード数枚を目撃。これがいわゆる「株札」(注)でありました。当時は何に使うカードかも知らず、しばらくはおもちゃ箱に入っていたっけ。

(注)株札(かぶふだ)…オイチョカブなどをプレイするための花札の一種。

「株札」との再会は中学一年生の時。柔道部の夏期合宿だったね。先生たちが別部屋を良いことに、先輩たちは夜な夜なオイチョカブ。しかし、オイラは子どもの頃の記憶が蘇り、仮病を使って仲間には入りません。だって、もし見付かったら手錠を掛けられて…。

幼心に思ったこと、どうして大人は警察に捕まっても良いほど、「株札」に夢中になれるのだろう…。そんな疑問から、学生時代のオイラ、賭博史研究にのめり込んでしまった。

そのおかげで、安土・桃山時代の「天正かるた」から、江戸時代初期の「ウンスンカルタ」、江戸時代中期以降から流行して現在に至る「花札」「株札」を始め、ローカルルールで遊ばれてきた「地方札」まで、気付くと、ほぼすべてが集まってしまった。

賭博に詳しくなると、当然賭博史の連載やコラム等の依頼も舞い込んで来るのさ。それを良いことに、賭博行脚に明け暮れた時期もあったね。

マカオ、ラスベガス、リノ、世界中の賭場を巡って、いったいどれほど授業料を盗られたか。それでも止まらなかったオイラ、男は度胸・人生勉強・競馬は調教、たくみな世渡りさ。

断っておくけど、これほど札を集めても、賭場を開くワケじゃないよ。あくまでも研究目的の寸葉なのさ。だって、オイラは元警察官の子息ですからね。みなさんも、賭博なんかに狂っちゃいけません。今では「株札」は高価になって、簡単に遊びたけりゃ、さいころ三つにどんぶり鉢ひとつ、チンチロリンが無難なのよ。

「天正かるた」から派生した株札。

変わり種、花札麻雀牌。

賭博関係のプライベート展示棚

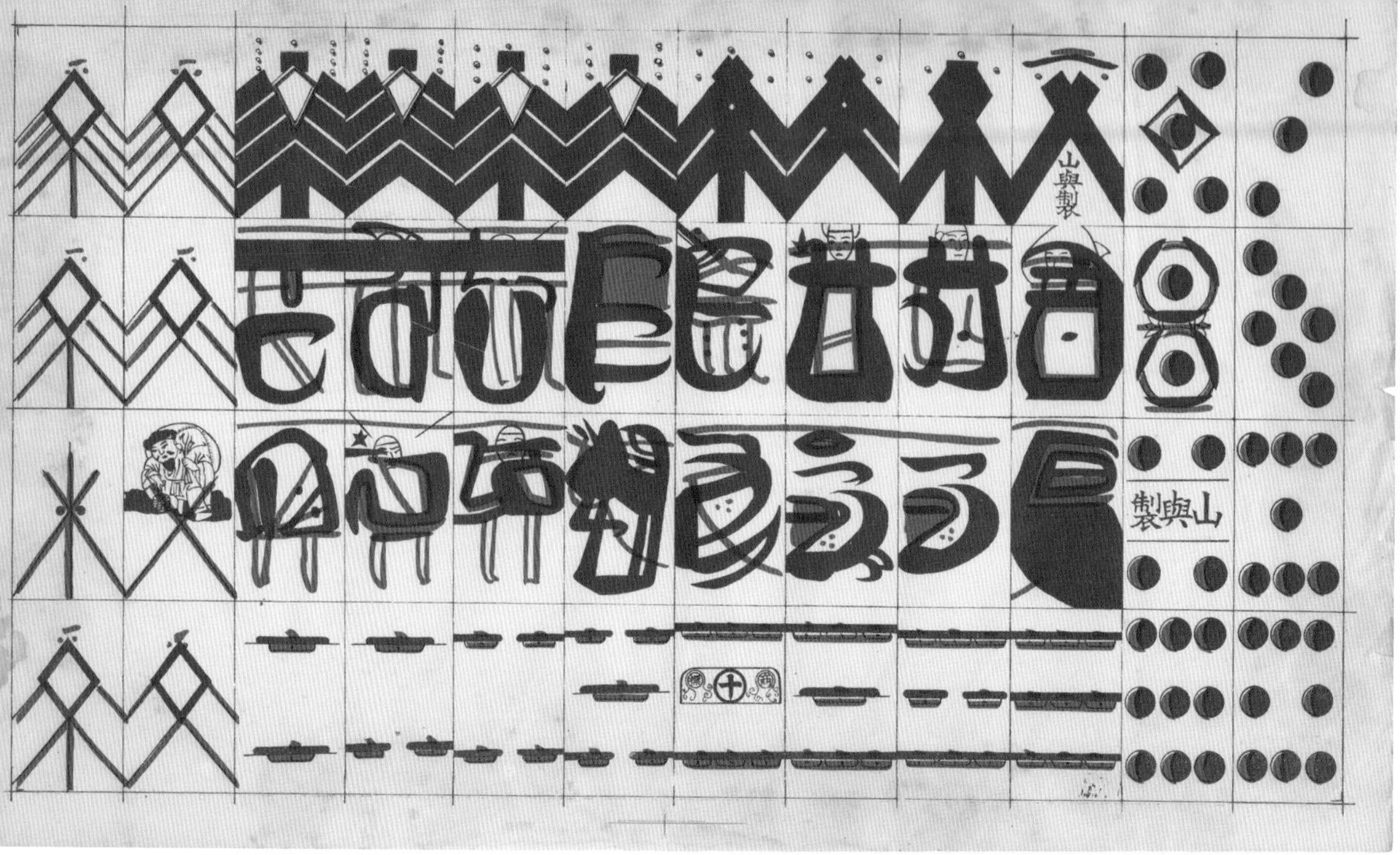

山興製　小松札

おいちょかぶや京かぶ賭博の取締から逃れるため、裁断せずに持ち歩いたものなのか、飾りなのか、このような未裁断の株札を６種類ほど、プライベート展示室に飾っておりますが、未だ意味不明な代物であります。株札は、ヨーロッパのタロットの小アルカナのワンド（棍棒）より、天正かるたの「すじ」となり、うんすんかるたの「ハウ」となり、それが変形して「株」になったらしい。

山興製　株札

「虫札」（花札の6月牡丹と7月萩がない）

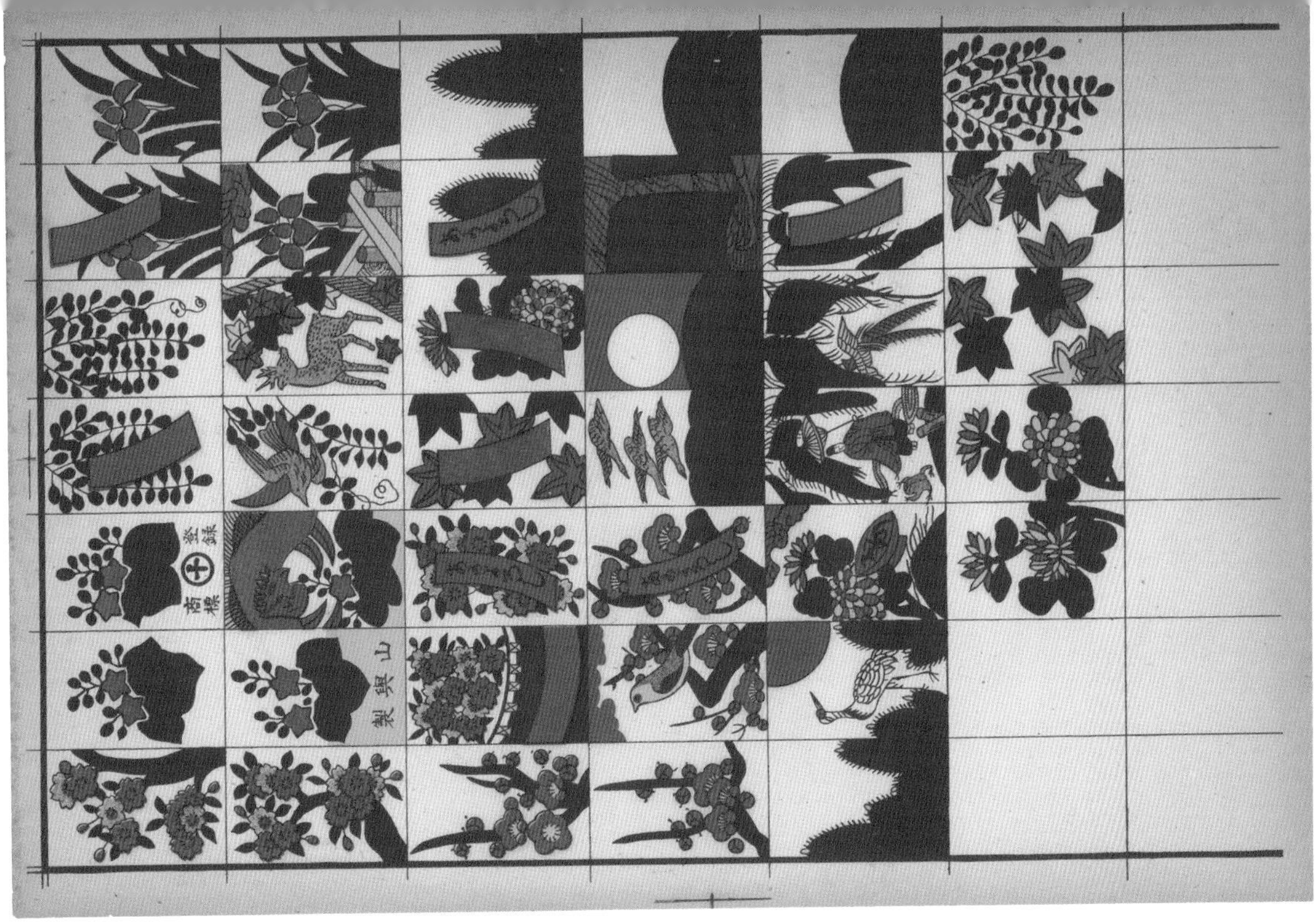

未裁断・株札コレクション

「小丸札」地方札か、不明。

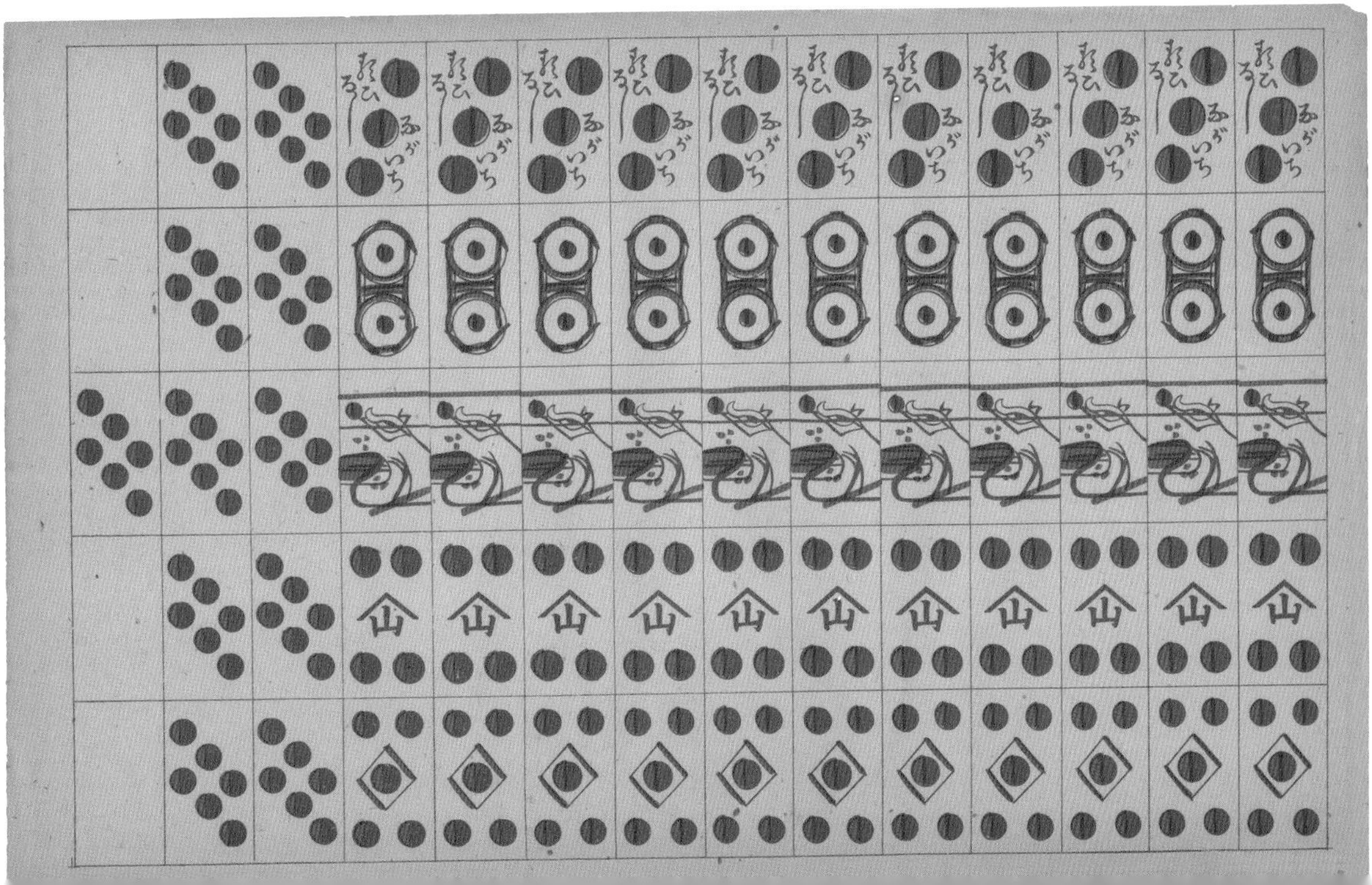

コノマッチハケイベンデ ジッツニヨロシイ

浅草寺境内の淡島堂の紅梅が咲き始めました。愛犬との散歩で、紅梅の甘い香りに春を感じる今日この頃です。

紅梅を見ていると、団塊の世代は「紅梅キャラメル」を思い出しませんか。キャラメルの味はとっくに忘れたけど、おまけの野球選手カードが欲しくて、毎日のお小遣いをつぎ込んだのだけは覚えているでしょ。でも、読売巨人軍のカードでしたよね。「野球は巨人、キャラメルは紅梅」のキャッチフレーズで販売されていたので当然だけど、オイラは阪神ファン。それでも買っていたのは、カードを集めるのが目的の現在のベースボールカードとは違って、カードの点数を貯めるともらえるグローブやバットなどの野球道具、スタートカメラ、顕微鏡つきシャープペンシル等々、子供たちが憧れる景品が目的だったのです。

今でも、当時の野球カードと、スタートカメラを大切に持っていますよ。オイラの捨てるってことを知らずに何でも集めてしまう収集癖、その当時から培われた年季が入っているのです。その証拠に、小学一年生の時から新聞や雑誌、お菓子の箱などのスクラップブックも現存しているのですよ。

先日、スクラップブックをめくりながら、「おじいさんのマッチ」と記された一枚の寸葉を発見、「コノマッチハケイベンデジッツニヨロシイ」。一瞬、悩んだけど、「このマッチは軽便で実によろしい」ってこと。軽便なんて言葉は今じゃ使われないけど、扱い方が手軽で便利だって意味で、明治後期から大正初期に一時的に流行った「連軸燐寸」「連続燐寸」「懐中燐寸」などと称されたブックマッチでした。

ブックマッチは、1892年アメリカペンシルバニア州リマの弁護士ジョシュア・ピュージが発明し、1895年アメリカのダイヤモンドマッチ社がこの特許を買い取り独占販売されたマッチで、当時の日本製はコピー品。訴訟問題で数年で姿を消した幻のマッチでもあるのです。日本でブックマッチの本格的な普及は、1964年の東京オリンピックの頃からですからね。

今に残る当時のブックマッチには、「鉄道省公徳標語入」が多いようです。明治39年（1906）に鉄道国有法が制定され、日本の鉄道網は基本的に国が運営することになると、鉄道は一般市民にも普及し始め、利用のモラルを標語として知らしめるには、格好の宣材だったのでしょう。

「一降り　二乗り　三発車…　改札口の混雑は　おたがひの　迷惑」

「貴下が示される公徳行為の一端が幾千の人を感化して如何に人格の向上に資するものあるかをお想ひください」

標語をじっくり読むと、今にも通じる標語ばかり。まことに、〝ケイベンデジッツニヨロシイ〟。

スタートカメラ：東京都品川区の一光社が1950年に発売した極小のおもちゃカメラ。

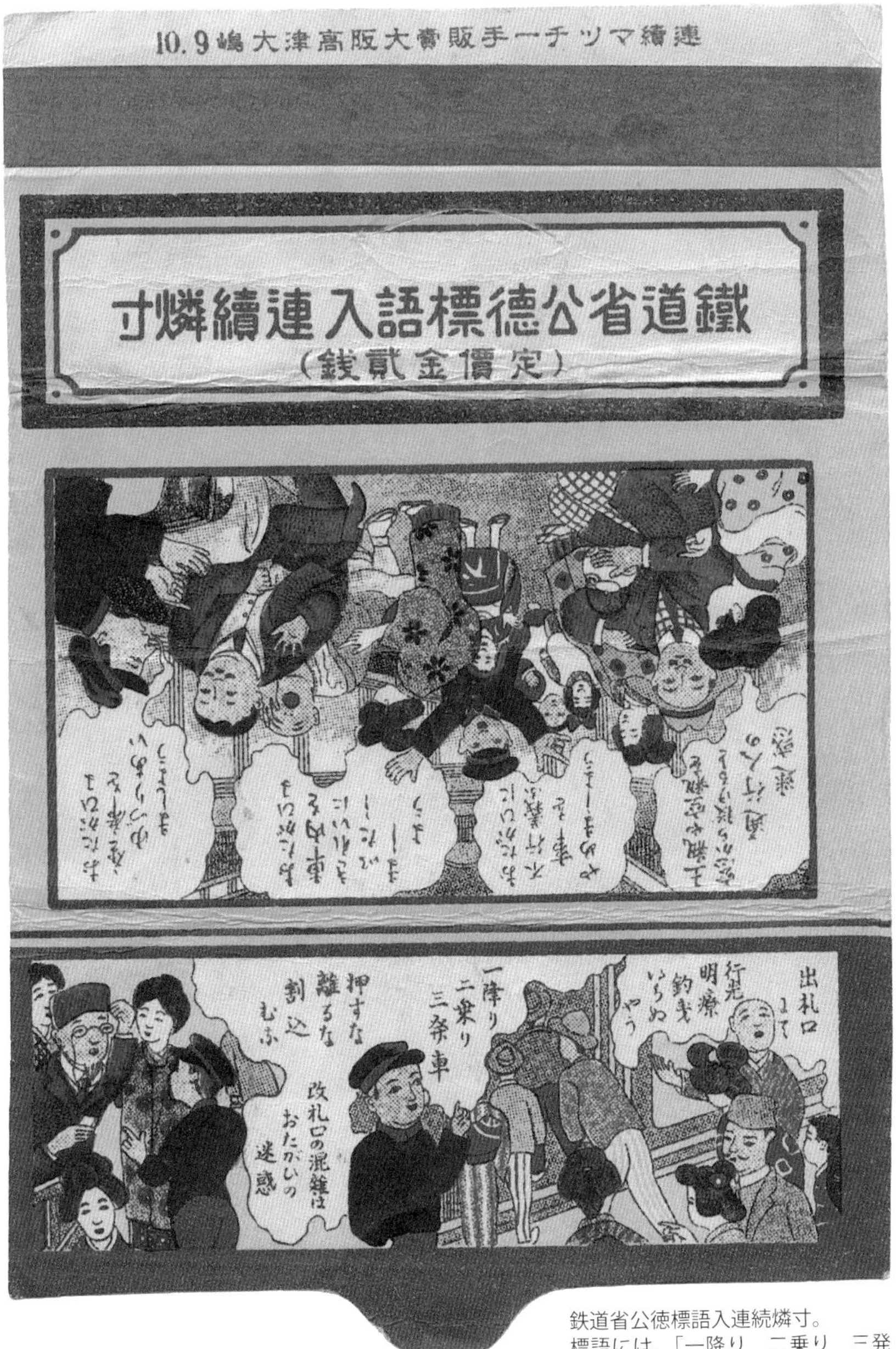

鉄道省公徳標語入連続燐寸。
標語には、「一降り　二乗り　三発車　押すな　離るな　割込むな　改札口の混雑は　おたがひの　迷惑」などとある。

小型懐中燐寸。「コノマッチハケイベンデジツニヨロシイ」。

ブックマッチ・コレクション(角型)

Plain Ma(t)ches

STAR懐中燐寸

強精剤トッカピンの広告(丁子堂薬房)

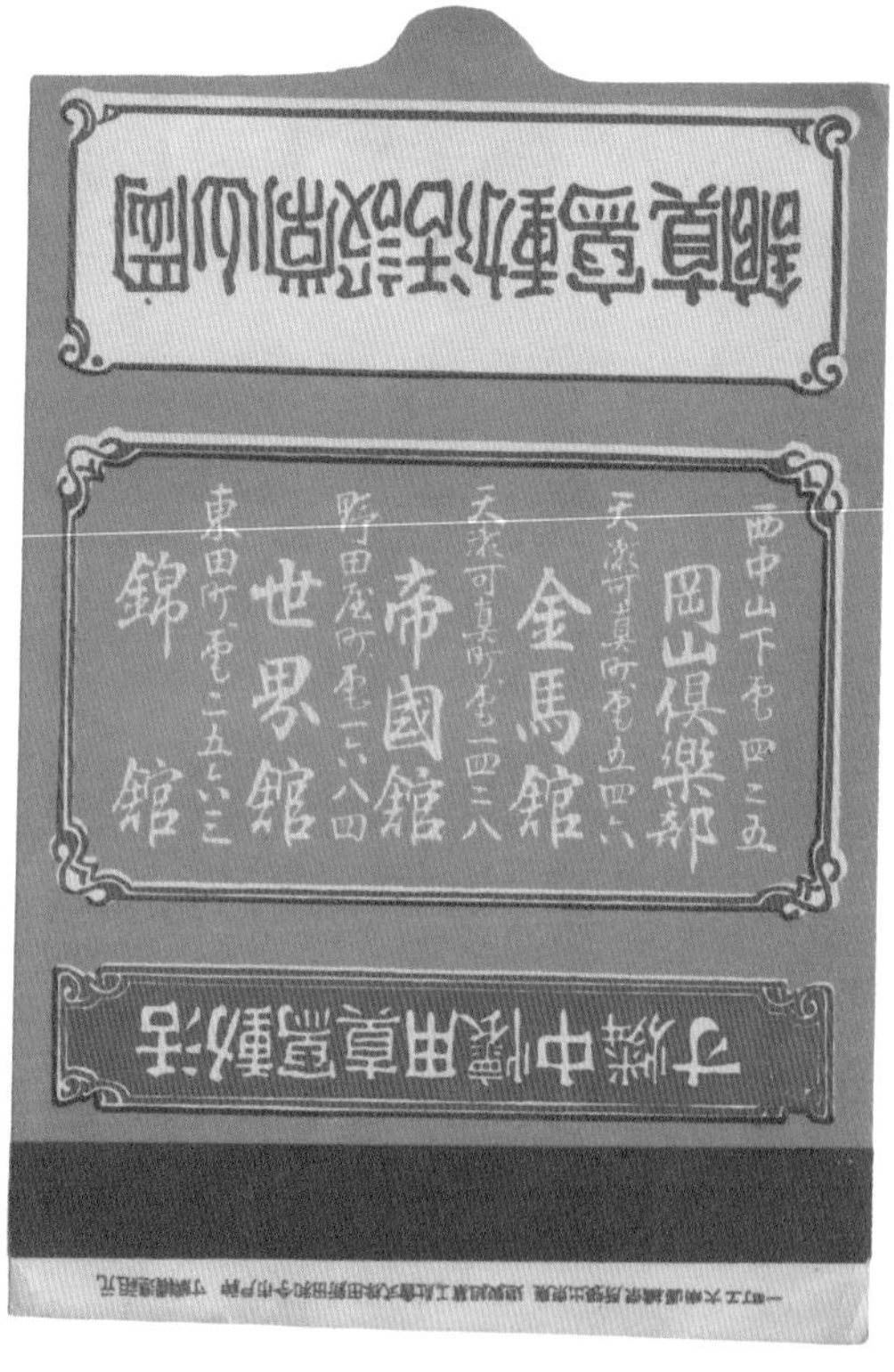

活動写真用懐中燐寸(岡山常設活動写真館)

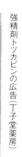

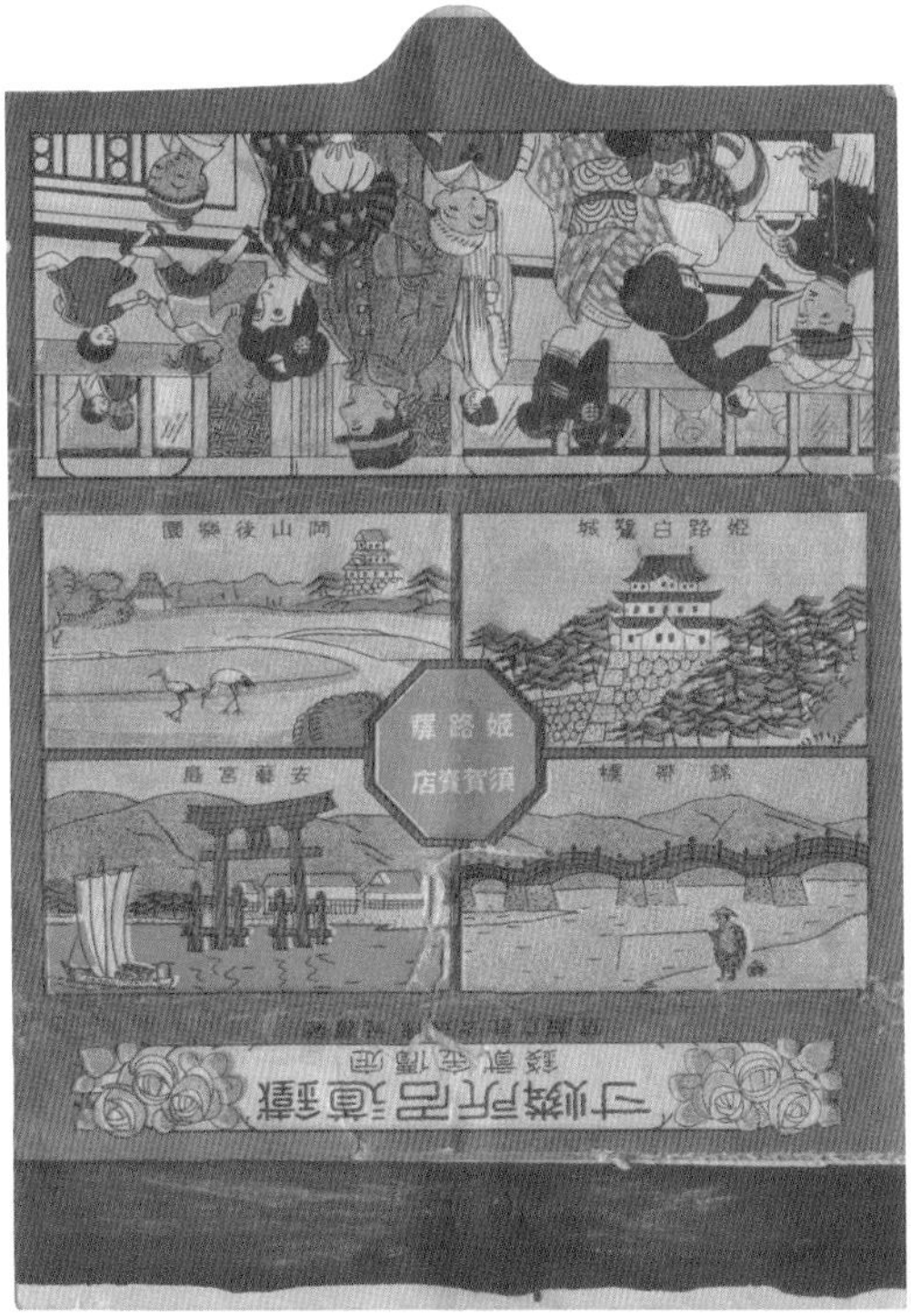

鉄道名所燐寸（立誠堂）

鉄道標語燐寸（大阪神戸鐵燐社）

（大阪堺筋・白木屋呉服店）

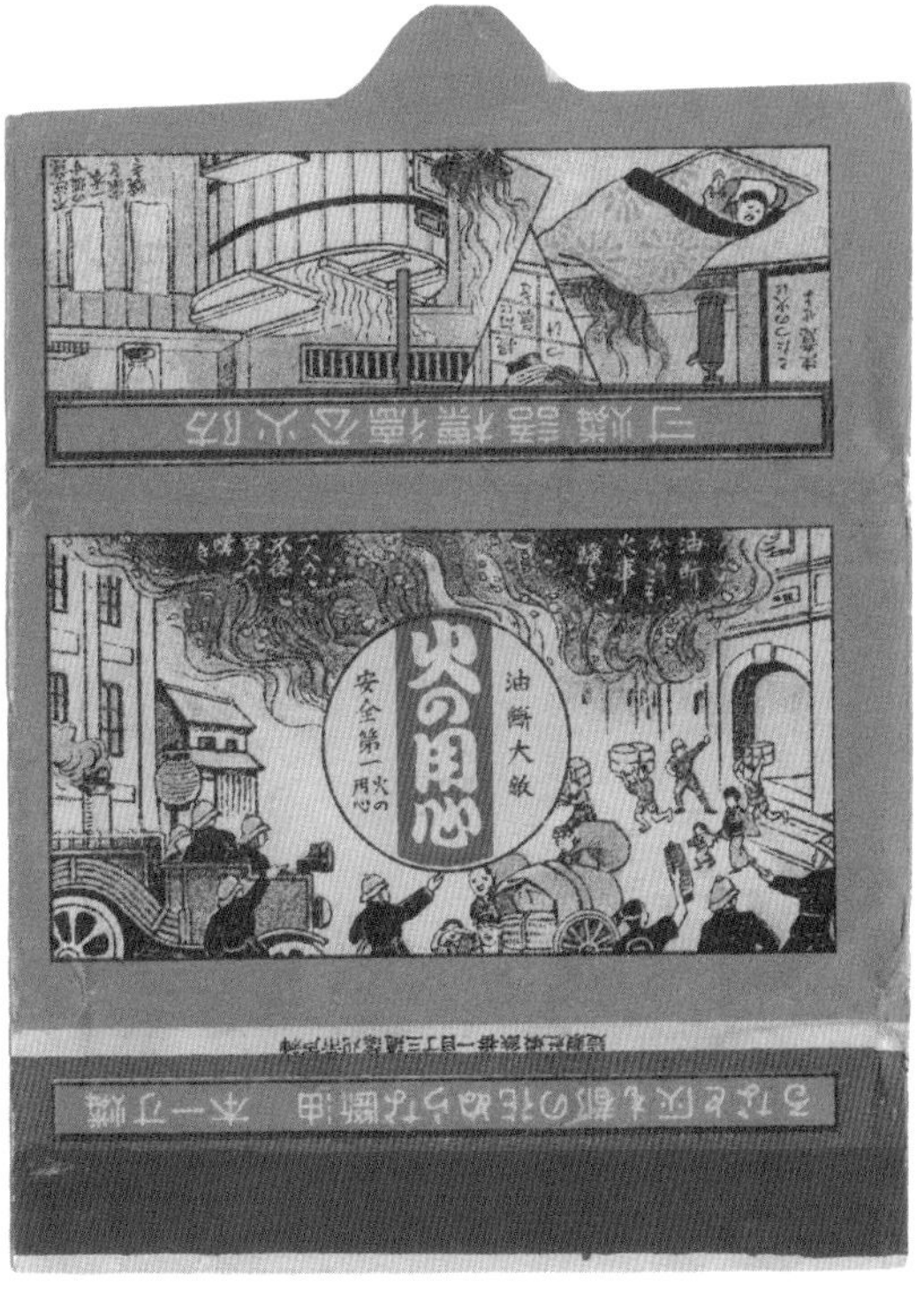

防火公徳標語燐寸（鐵燐社）

西洋料理・櫻亭（両国公園角）の広告

台湾堂（浅草旧十二階下）の広告

ユニオンビールの広告（三ツ矢サイダー）

エフエン自動自転車の広告（横井商店）

ブックマッチ・コレクション（縦長型）

東京日遂社　三柄印燐寸

たばこ燐寸　ザ・サン

第六回復興貯蓄債券の広告（日本勧業銀行）

口中清涼剤ゼムの広告（東京・山崎愛国堂）

第六章

溜め鉄っちゃんの自己満足ギャラリー

宮崎実験線リニアモーターカー有人記念入場券(昭和58年1月15日)

裏面部分

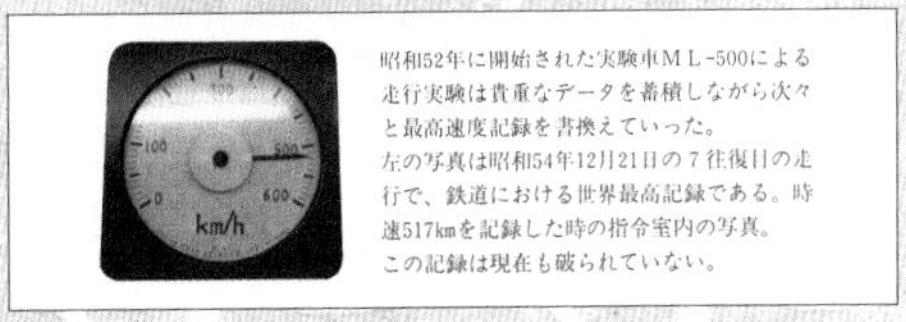

昭和52年に開始された実験車ML-500による走行実験は貴重なデータを蓄積しながら次々と最高速度記録を書換えていった。
左の写真は昭和54年12月21日の7往復目の走行で、鉄道における世界最高記録である。時速517kmを記録した時の指令室内の写真。
この記録は現在も破られていない。

入場券の裏側にはリニアモーターカー関連の情報が印刷されている。右は裏面の情報部分。昭和54年12月21日に鉄道世界最高記録、時速517kmを記録したときの指令室内の写真。

裏面部分

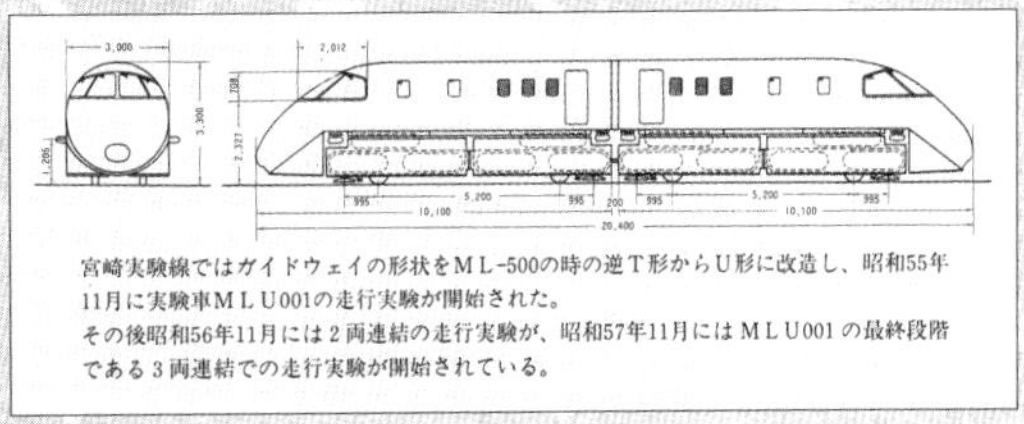

宮崎実験線ではガイドウェイの形状をML-500の時の逆T形からU形に改造し、昭和55年11月に実験車MLU001の走行実験が開始された。
その後昭和56年11月には2両連結の走行実験が、昭和57年11月にはMLU001の最終段階である3両連結での走行実験が開始されている。

実験車MLU001は昭和55年11月に走行実験が開始された。右は昭和56年11月から走行実験が行われた2両連結の正面と側面の図解。昭和57年11月には最終段階として3両連結での走行実験が開始された。

裏面部分

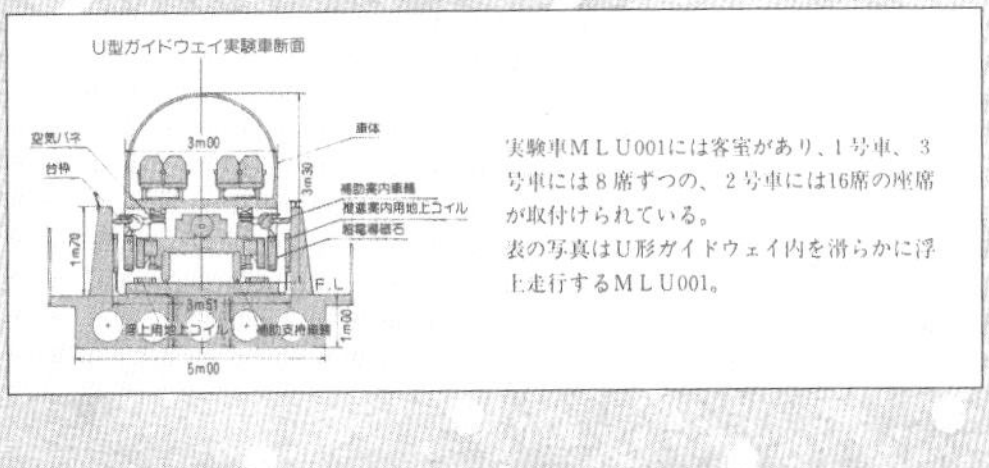

実験車MLU001には客室があり、1号車、3号車には8席ずつの、2号車には16席の座席が取付けられている。
表の写真はU形ガイドウェイ内を滑らかに浮上走行するMLU001。

右はU形ガイドウェイ内を浮上走行する実験車MLU001の断面図。3両連結の1号車と3号車には8席、2号車には16席の座席が取り付けられ、右の断面図にも客席が見えている。

前振り対談4

鉄分補給はどこまでも！

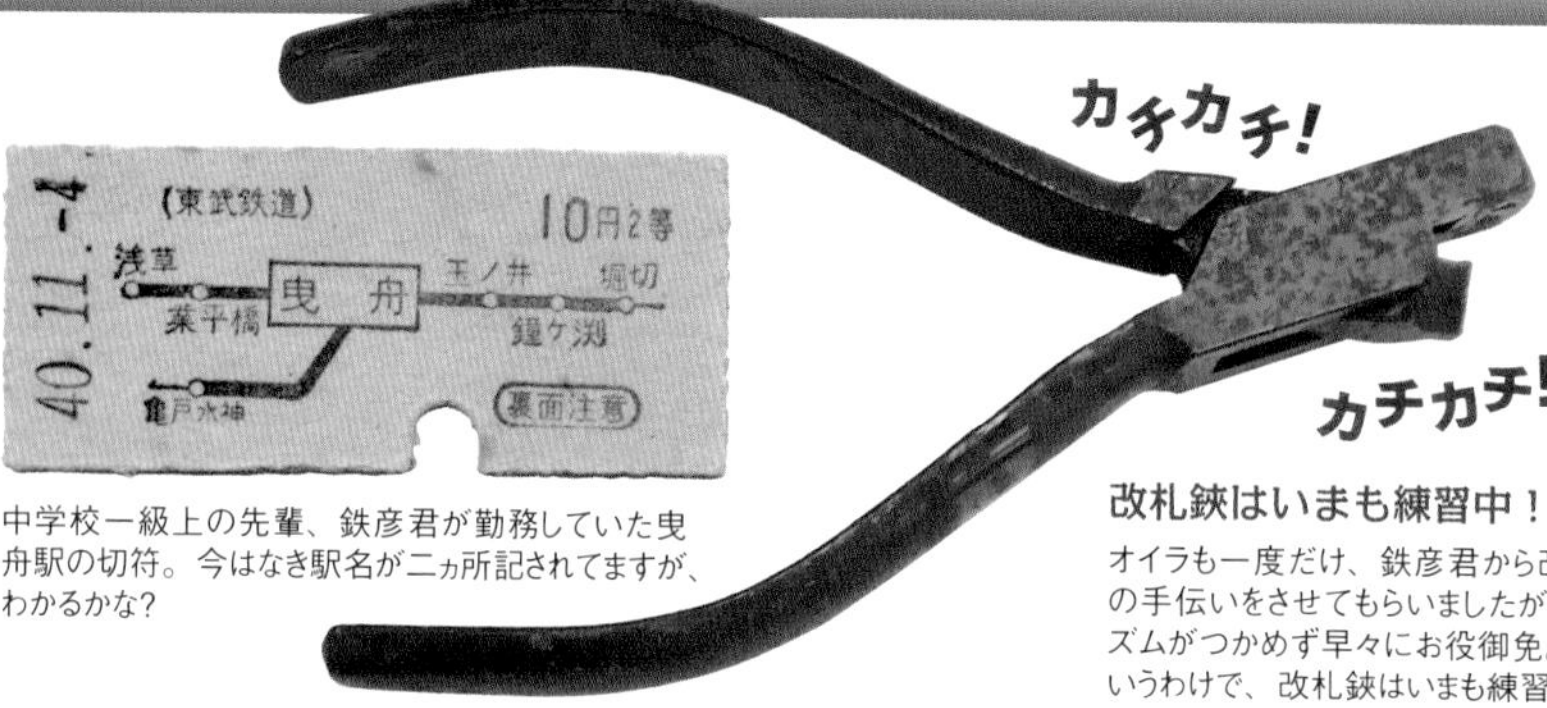

中学校一級上の先輩、鉄彦君が勤務していた曳舟駅の切符。今はなき駅名が二ヵ所記されてますが、わかるかな？

改札鋏はいまも練習中！

オイラも一度だけ、鉄彦君から改札の手伝いをさせてもらいましたが、リズムがつかめず早々にお役御免。というわけで、改札鋏はいまも練習中！

あほまろ

×

編集長
ひらりん

あほ（あほまろ）　幼い頃、日本最大の蒸気機関車Ｃ62 2号機を目の前にして、その巨大な鉄の造型に圧倒されたのが、鉄道に関するすべての始まりだったね。

ひら（ひらりん）　でも、当時、北海道には別の蒸気機関車も走っていたんでしょう？

あほ　Ｄ51とかＣ55とか、いっぱい走っていたけど、まったく興味がなかった。それがＣ62 2号機に出会ったことで、鉄道に開眼してしまったんだ。そうそう、もうひとつ、強烈な出会いがあった。全国を回っていたカバヤ（お菓子メーカー）のカバ車！　あの出会いも忘れられないね。

ひら　たしかキャラメル宣伝用のカバ形自動車ですね！

あほ　まだ小さなこどもでしょう。雑誌なんかに載ってるものを実物で見るっていうのは、忘れ難い体験になるんだよね。

ひら　で、その出会い以来、Ｃ62の追っ掛けが始まるんですね。

あほ　まあ、好きな女の子を追っ掛けるみたいなもので、写真もＣ62しか撮らなかったし、大学時代の国鉄完乗の際にも、わざわざＣ62が走っているところ、広島の呉線や山陽本線、東北本線に行くと、何日か滞在して写真を撮りまくっていたね。

ひら　ところで、鉄道関係の紙モノには、いつごろから手を出されたんですか？

あほ　大学時代までは、さほど興味はなかった。お金もなかったしね。ひたすら国鉄完乗のための乗り鉄で、Ｃ62に関してのみ撮り鉄だったわけ。お金を出

あほまろ・東京の原点！

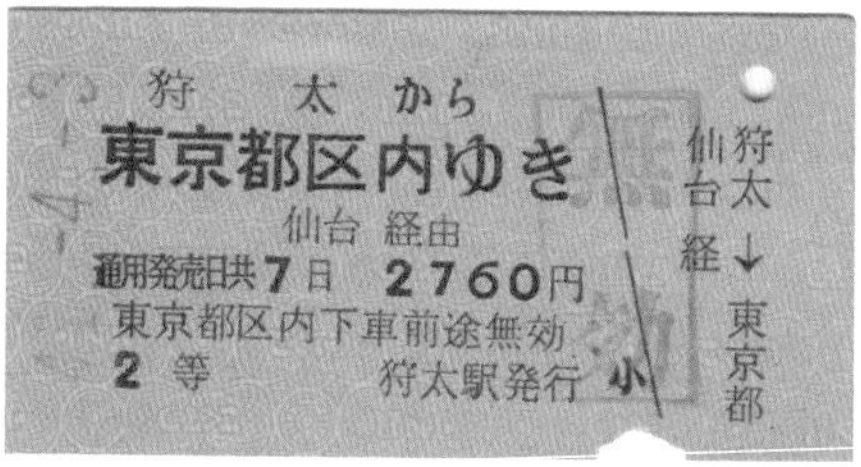

昭和41年4月3日、狩太から東京都区内ゆき普通乗車券。どうしても持って帰りたいと駅員に直談判。ようやく「無効」の印を押すことで持ち帰れたのでした。オイラにとっては貴重な東京の原点なのです。切符の裏に押された「チッキ（手）」の印は、「鉄道小荷物」で布団袋に全財産を詰め込み、預けた証なのです。ちなみに、預かり証（チェック）の訛ったのが、「チッキ」の語源といわれています。

初めての特急列車は、はつかり（上野－青森）！

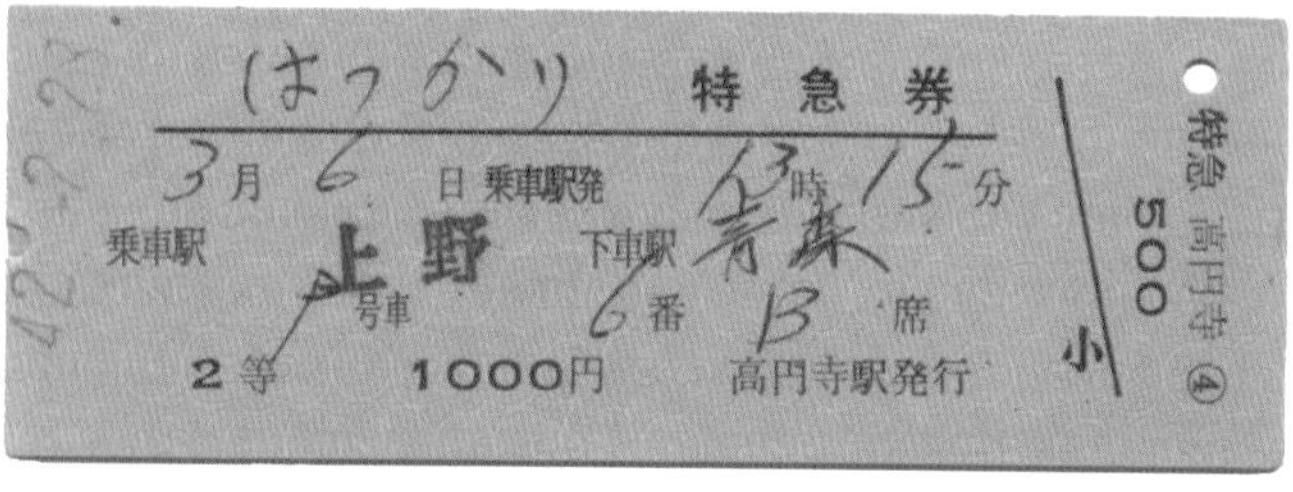

オイラの学生時代、北海道への帰省には上野発の夜行列車を利用していたのですが、夏冬の繁忙期は座席の確保が大変。バイトで溜めたお金で、初の特急に乗車。詳細は105ページに。

して、紙モノを集めるようになったのは、やっぱり社会人になってから。ただね、高校のときから、おもしろそうな記念の入場券や急行券だけは、出るたびに買っていた。

ひら　記念切手が出るたびに、郵便局で買うのとおんなじですね。でも、記念の急行券って？

あほ　当時、価格改正で入場券が100円を超えたので、100円ちょうどの急行券を記念に売り出したんだよね。でも、記念の入場券にしても、記念の急行券にしても、切符に関しては地元北海道のものしか買えなかった。

ひら　そうか、当時は通信販売はなかったですものね。

あほ　それぞれの駅でしか売っていないから、道内各地の鉄っちゃん仲間のネットワークを活用し、交換して集めるわけ。

高校時代、道内の鉄っちゃん仲間のネットワークで、さまざまな記念入場券を手に入れた。右は稚内駅記念入場券、花の北海道記念シリーズの1枚。

ひら　そして、社会人になって本格的な〝溜め鉄〟になった……。

あほ　いや、鉄道に興味あるひとは溜めようと思って溜めているんじゃなくて、誰でも自然に溜まっていってしまうんだよ。もちろん、社会人になって、お金が自由に使えるようになると、骨董屋などで過去に遡って買い求めることになるんだけどね。

ひら　大人になって、切手をシート買いするようなものですね。

あほ　でもね、鉄道ファンとしては、一番は〝乗り鉄〟なんだ。誰もがみんな、こどもの頃から鉄道に乗りたいっていうのがある。そこから「撮り鉄」だの、「模型鉄」だの、「食べ鉄」だのが派生していく。だから、これからも生涯「乗り鉄」でありたいね。

ひら　連載でも、ご自身の乗り鉄振りを披露されていましたね。初めての鉄道一人旅や大学時代の国鉄完乗に始まり、「ななつ星 in 九州」やトワイライトエクスプレス「瑞風」など、豪華列車の旅まで。読者の皆さんも、自分の乗りたい鉄道の絶好の旅案内として、記事を楽しまれているようですよ。

乗り鉄も楽しんでますよ。ストーブ列車とななつ星 in 九州＆トワイライトエクスプレス「瑞風」から。

津軽鉄道・津軽金木－五所川原間のストーブ列車と津軽鉄道で購入した硬券の束。

上・ななつ星2度目の旅では、記念乗車券が出来ておりました。

トワイライトエクスプレス「瑞風」の車両の前でにやけるオイラ。

C62に恋いこがれ。

鉄道趣味人、いわゆる鉄道オタクの奥の深さに畏敬の念を込め、「鉄ちゃん」と呼ばれますが、一口に「鉄ちゃん」と言っても楽しみ方は人それぞれ。鉄道旅行好きの「乗り鉄」。鉄道写真が目的の「撮り鉄」。鉄道模型が趣味の「模型鉄」。駅スタンプを集めるのが生き甲斐の「押し鉄」。色々な場所の駅弁に味わいを見出す「食べ鉄」。そして、鉄道に関する様々なグッズを際限なく集める、オイラのような者は「溜め鉄」と分類されているけど、それらに境はありません。どの「鉄っちゃん」も鉄分なしでは一日も過ごせない人々なのです。

オイラが鉄分に目覚めたのは小学4年生の頃でした。いつものように駅前広場で遊んでいると駅長さんが、お～い、特急「つばめ」が貨物列車に引かれて来たぞと教えてくれたのです。急ぎホームに行くと、D51に牽引され、つばめマークを付けたC62 2号機でした。東海道本線で特急「つばめ」を牽引していた日本最大の蒸気機関車C62 2号機。当時の子どもたちの憧れで、雑誌でしか見たことがなかったのでした。それを目の当たりにした興奮は、今でも鮮明に記憶しているのです。

駅長さんが、本州で余剰となったC62が北海道に配属され、来年から函館本線で急行を牽引することになった、とのことを教えてくれたのでした。それが切っ掛けで、父親にねだって中古のカメラを買ってもらい、休日はC62を追いかけるのが「撮り鉄」の始まり。でも、あの子は汽車ばかり撮っていると、近所の方々からは変人扱いされていましたけどね。

高校を卒業する頃までは、C62を撮るのに平穏な撮影環境でしたが、昭和40年（1965）から始まったSLブームのおかげで、絶好の撮影地には多くの「撮り鉄」が集まりだし、他人の土地に入り込んだり、畑を荒らしたりとマナーの悪い連中が出始め、トラブルもいっぱい。そんな「クズ鉄」連中と同じ目で見られるのが嫌で、次第にC62熱も冷めていったのでした。

その後、国鉄分割民営化直前の昭和61年（1986）、北海道鉄道記念館に静態保存されていたC62 3号機を復活するために発足した「北海道鉄道文化協議会」に協力し、昭和63年（1988）4月から「C62ニセコ号」の復活運転のお手伝いをしたものでした。

思えば、オイラはC62に恋いこがれていただけで、他のSLには興味を持てなかったので、筋金入りの「撮り鉄」とは言えませんが、C62に関する物を中心に、ありとあらゆる鉄道用品蒐集だけは、筋が通った「溜め鉄」と自負していますよ。そうしたオイラの自己満足コレクションで、鉄道趣味の奥の深さを感じてください。鉄道趣味には人を熱中させるものがあるのですからね。

少年時代の写真、C62 2を追いかける撮り鉄に。

現役時代のC62 3

JR北海道制作の「今、よみがえる栄光のSL」C62 3復元シリーズ・オレンジカードの表紙。

C62 3復元シリーズ・オレンジカード（一部）。

C62 3の復活試運転

C62の鉄道模型
オイラのC62模型コレクションの一部をご覧下さい。
上から、
C62 3号機　1番ゲージ ライブスチーム（アスター製）
C62 2号機　Oゲージ ディスプレイモデル（三井金属製）
C62　HOゲージ　C62 44　C62 3　C62 2（天賞堂製）。

C62 3号機の正面プレート
平成元（1989）年度の復活運転にて使用された正面プレート。

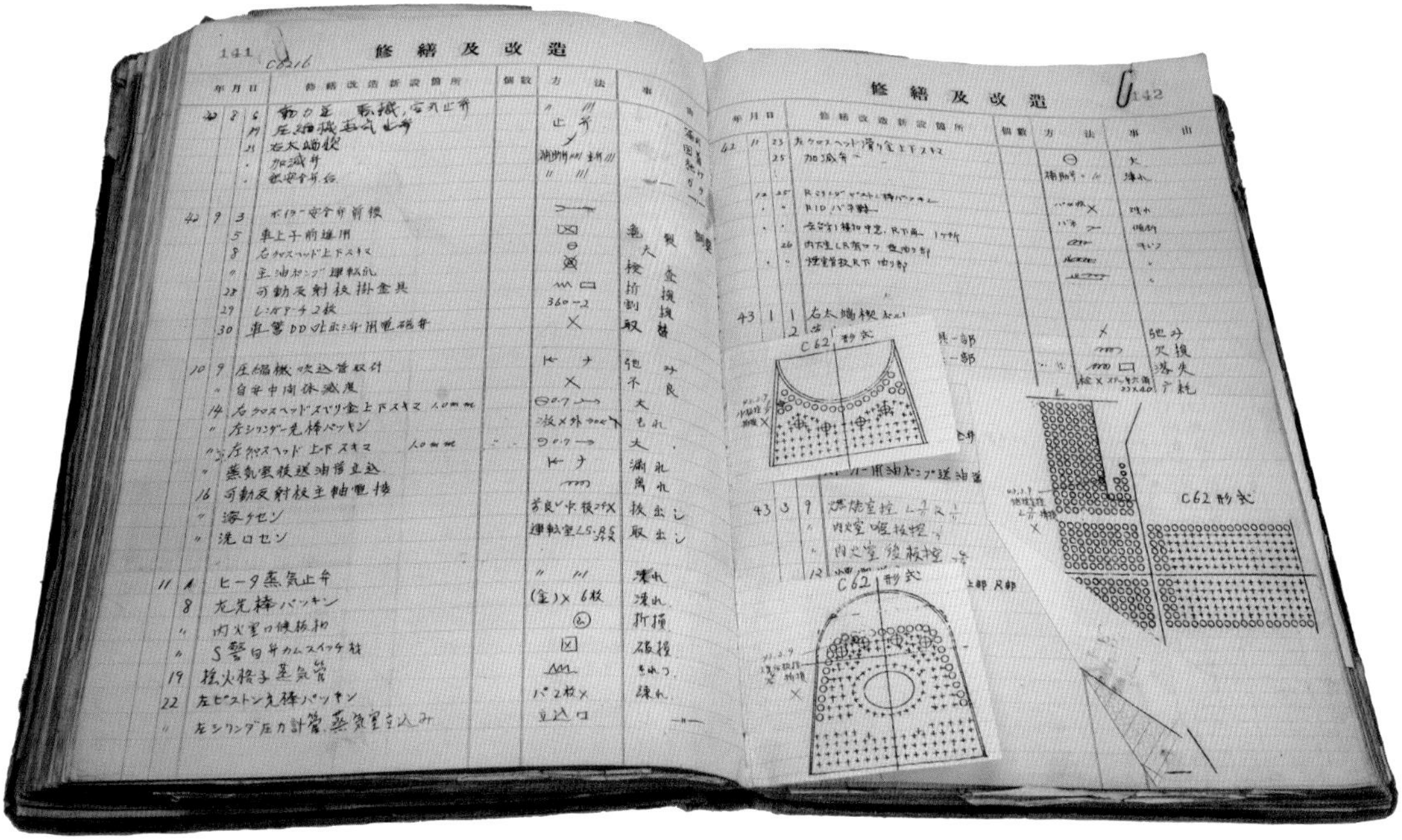

C62蒸気機関車履歴簿と修繕原簿

蒸気機関車履歴簿は、蒸気機関車の新製配置時に必ず用意された。これには、「形式寸法及重量」「装置及設備」「移動」「修繕及改造」「検査」「経過年月及運転キロ数」「機関車改造故障及習性」「調査及試験」等の詳細が記された蒸気機関車の車検簿です。オイラは、C62 3号機復元に協力した記念に、小樽築港機関区長より贈呈され、北海道へ渡った9両のC62のうちの4両（C62 16、C62 27、C62 32、C62 44）分の履歴簿を有しております。

愛しのC62コレクション

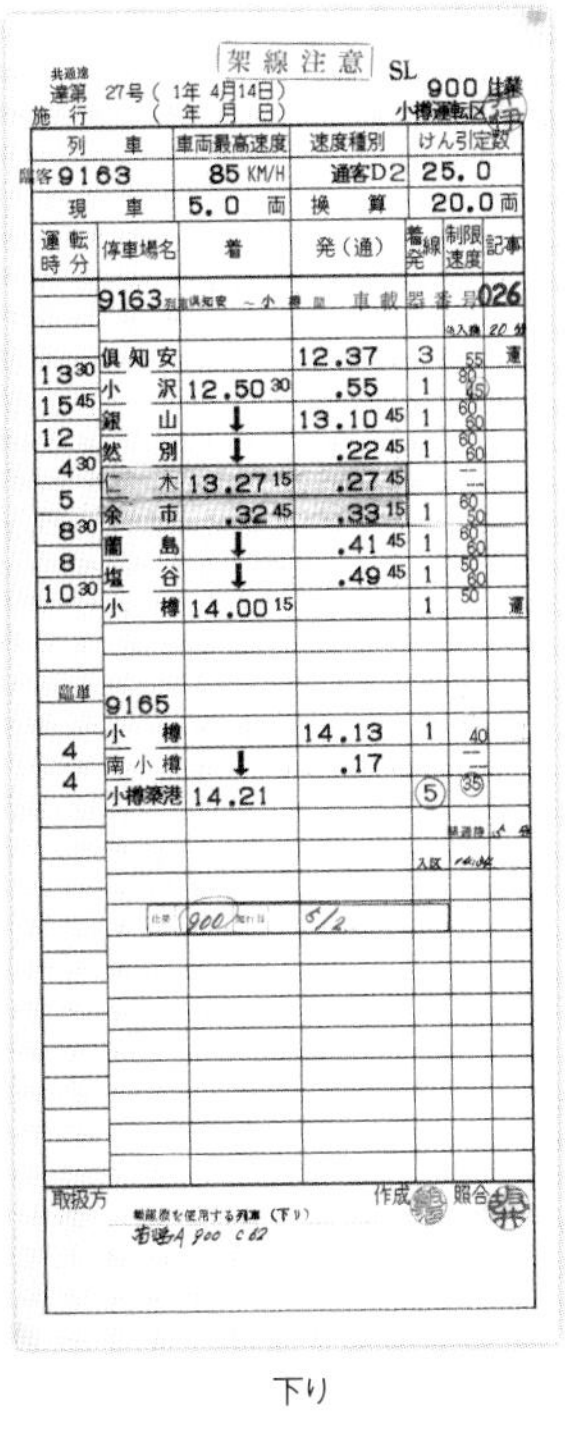

架線注意　SL

共通達第27号（1年4月14日）施行（年月日）　900仕業　小樽運転区

列車	車両最高速度	速度種別	けん引定数
臨客9163	85 KM/H	通客D2	25.0
現車	5.0 両	換算	20.0 両

運転時分	停車場名	着	発（通）	着発線	制限速度	記事
	9163列車 倶知安～小樽間		車載器番号			026
					出入換	20分
	倶知安		12.37	3	55	運
13^{30}	小沢	12.50^{30}	.55	1	80 45	
15^{45}	銀山	↓	13.10^{45}	1	60 60	
12	然別	↓	$.22^{45}$	1	60 60	
4^{30}	仁木	13.27^{15}	$.27^{45}$		— —	
5	余市	$.32^{45}$	$.33^{15}$	1	60 50	
8^{30}	蘭島	↓	$.41^{45}$	1	60 60	
8	塩谷	↓	$.49^{45}$	1	50 60	
10^{30}	小樽	14.00^{15}		1	50	運
臨単	9165					
	小樽		14.13	1	40	
4	南小樽	↓	.17		— —	
4	小樽築港	14.21		⑤	㉟	

仕業 900　施行日 5/2

取扱方　作成　照合

補機を使用する列車（下り）

下り

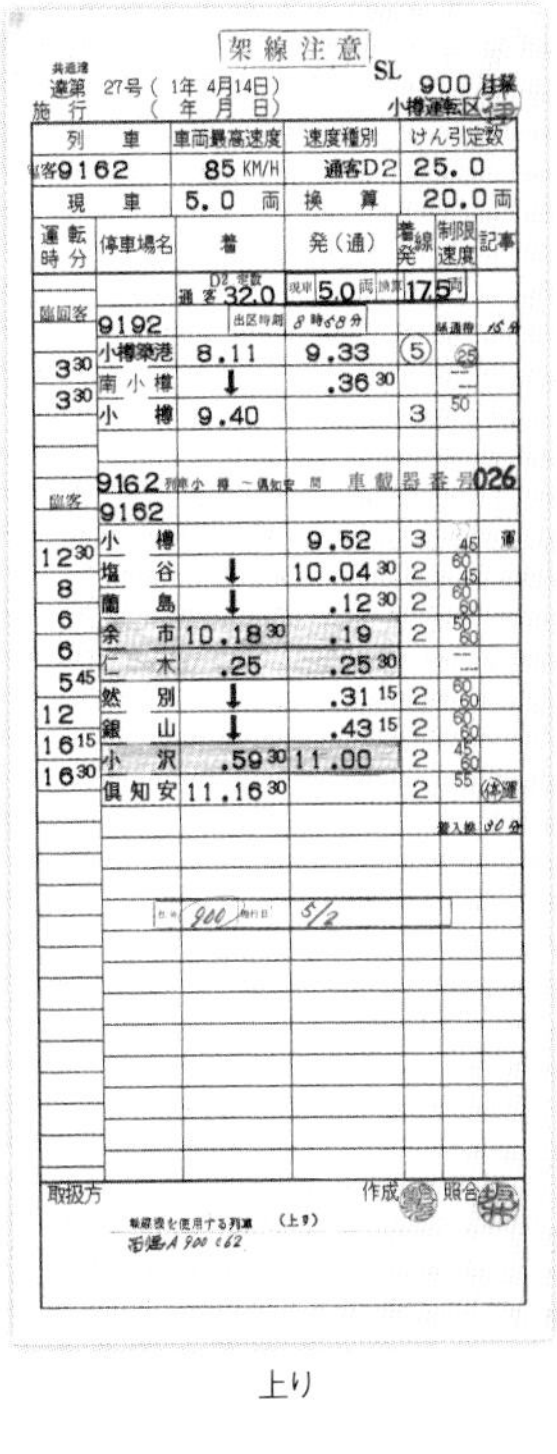

架線注意　SL

共通達第27号（1年4月14日）施行（年月日）　900仕業　小樽運転区

列車	車両最高速度	速度種別	けん引定数
臨客9162	85 KM/H	通客D2	25.0
現車	5.0 両	換算	20.0 両

運転時分	停車場名	着	発（通）	着発線	制限速度	記事
		D2 通客 32.0	現車 5.0両 換算 17.5両			
臨回客	9192	出区時刻	8時58分		結通換	15分
	小樽築港	8.11	9.33	⑤	㉕	
3^{30}	南小樽	↓	$.36^{30}$		— —	
3^{30}	小樽	9.40		3	50	
	9162列車 小樽～倶知安間		車載器番号			026
臨客	9162					
	小樽		9.52	3	45	運
12^{30}	塩谷	↓	10.04^{30}	2	60 45	
8	蘭島	↓	$.12^{30}$	2	60 60	
6	余市	10.18^{30}	.19	2	50 60	
6	仁木	.25	$.25^{30}$		— —	
5^{45}	然別	↓	$.31^{15}$	2	60 60	
12	銀山	↓	$.43^{15}$	2	60 60	
16^{15}	小沢	$.59^{30}$	11.00	2	45 60	
16^{30}	倶知安	11.16^{30}		2	55	㊡運
					整入換	30分

仕業 900　施行日 5/2

取扱方　作成　照合

補機を使用する列車（上り）

上り

C62ニセコ号復活運転初日の時刻表

平成元（1989）年度の運転時刻表。翌年5月からニセコ駅まで延長されたが、この年は倶知安駅までの運転だった。

「入場券」を求めて…、カモネギ進化系真っ最中！

鉄道駅「入場券」本来の用途は見送りや出迎えで、駅構内の立ち入りだけが許されて列車内には入れませんが、旅行の記念に求める方も多いですね。ところで、この「入場券」制度が出来たきっかけは不正乗車の防止だったのですよ。切符を持たずに列車を降りた者が、オイラは見送りに来ただけなのだ、とかの言い逃れを防ぐために、入場した駅を明確にする必要があったからでした。そのために「入場券」の券面には駅名が大きく書かれているので、「駅の訪問記念」としての収集対象になってしまったってわけ。

JR東日本は、会社発足30周年を記念して、管内1634駅の入場券を抽選で300セット限定、22万8760円にて、平成29年の「鉄道の日」(10月14日)に発売しました。でも郵便切手と違って、発売日を過ぎるとただの紙屑になってしまって、何の価値もありませんよね。こんなの、いったい誰が買うのでしょうかと、指をくわえて見守るより、どうせ当たらない抽選だけに参加をしてみたけど、結果は見事に外れてほっと胸をなでおろしたのであります。もしも、当たっていたら、たぶん絶対に血の気が引いていたでしょうね。

あれは、昭和62年の国鉄最後の日の記念で、新潟鉄道管理局が管内全駅入場券を確か2万数千円で販売したのでした。あの時もかなり購入に悩んだけど、やっぱり高い紙屑なので断念したのでしたが、数年後に鉄道雑貨専門店で僅か二千円で売られているじゃありませんか。もちろん即買いだったよ。今回のJR東日本「入場券」だって、きっとそのうちにどこかで投げ売りされますよ。それまで待つのが賢い溜め鉄ちゃん、かも知れませんね。本音は悔しいんだけど…。

この「入場券」なる代物、鉄道事業者にとってはおいしいビジネスなのです。昔から、何周年記念、何々記念、開業記念など、様々なこじつけの「入場券」が、矢継ぎ早に作られているのですよ。小さな紙1枚にイラストや写真を印刷しただけなので経費もたかが知れています。ましてや未使用率が極端に高いのに最低乗車券1区間分の料金で販売するので、刷れば刷るほどボロ儲けですよね。それを百も承知のオイラですが、かつての国鉄完乗の旅でも、基点となる路線駅の「入場券」だけは、乗車券とは別に買い求めていた〝カモネギ〟でしたよ。

でもね、現地の駅でしか購入することができない「入場券」は、最も人気のある切符だと信じて疑わないオイラは、今でも、カモネギ進化系の真っ最中なのであります。

様々な趣向が凝らされた「入場券」のコレクションを、次の見開きでご覧にいれましょう。

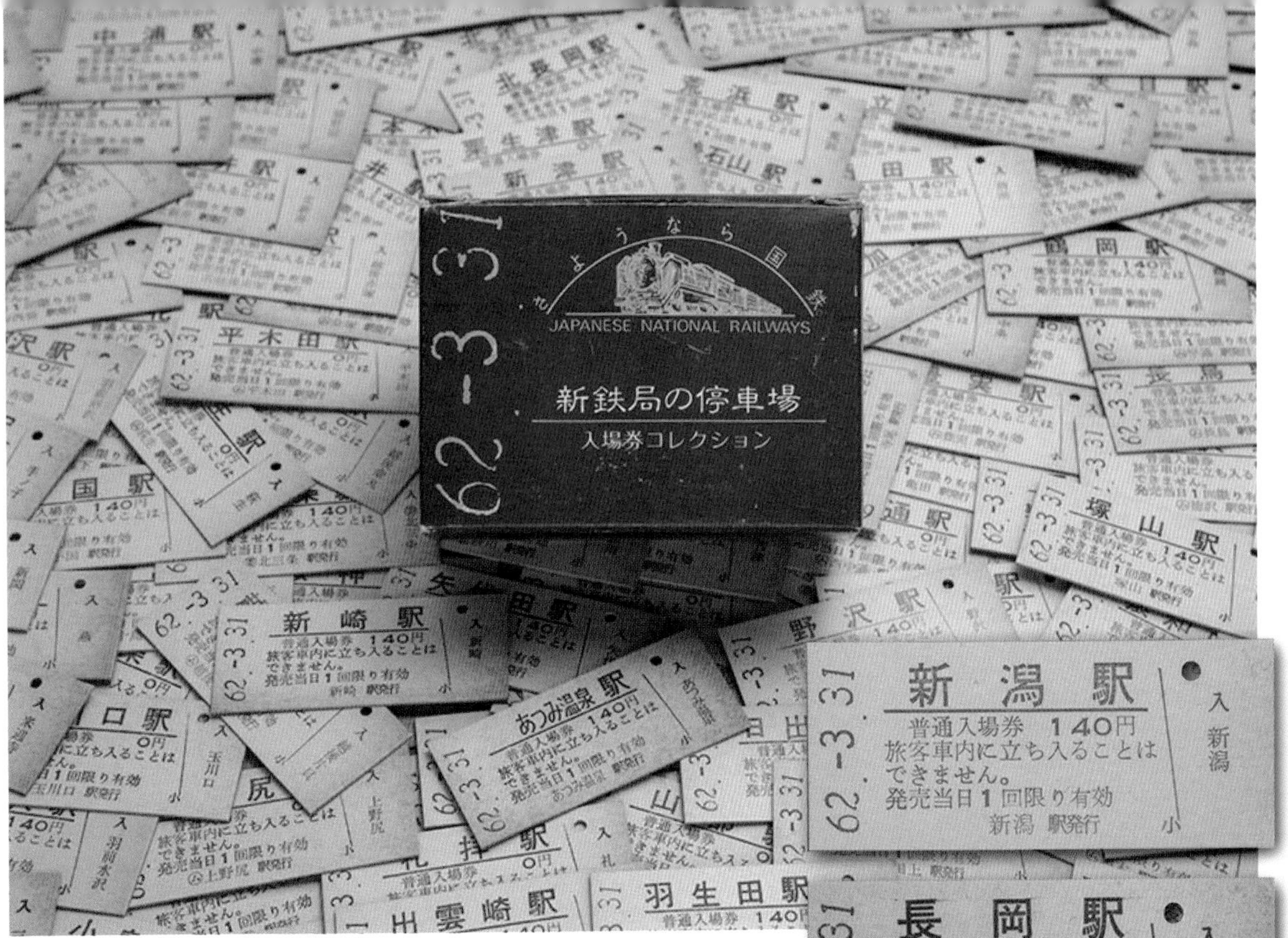

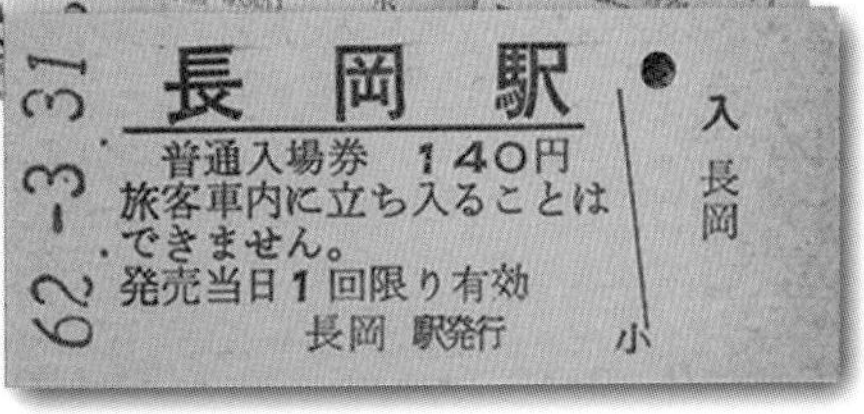

新潟鉄道管理局管内全駅入場券。
昭和62年３月31日、国鉄最後の日の記念。

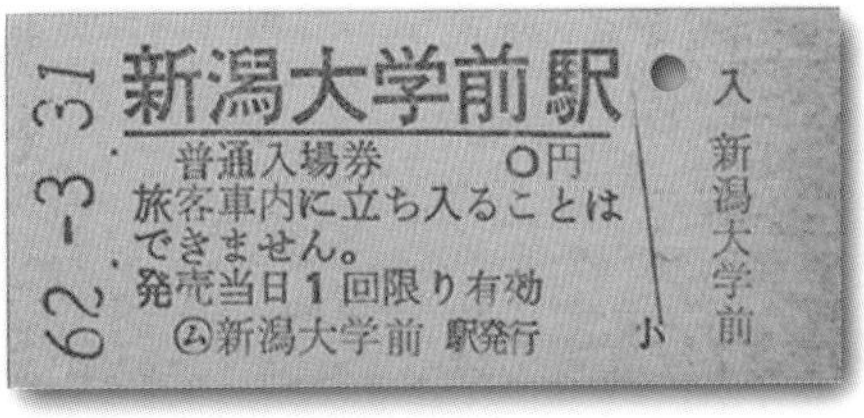

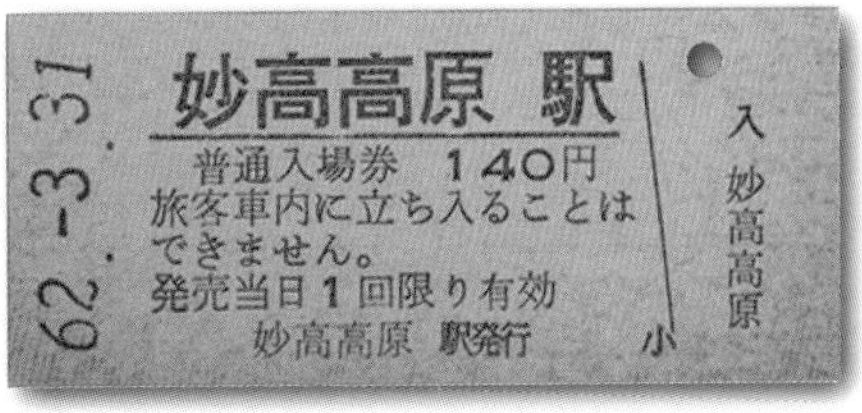

上・苗穂駅の観光記念入場券。苗穂工場公開ミニＳＬ運転記念。
下・倶知安駅の観光記念入場券。エキゾチックジャパン記念。サンモリッツ－倶知安姉妹都市シリーズ。

フルムーン旅行記念（1983年）

フルムーンキャンペーン　国鉄時代の昭和56年から始まった、高峰三枝子と上原謙の共演CMとポスターで話題になったキャンペーン。高峰三枝子の入浴シーンの豊満な胸、なんかすごいものを見せられてる感もありましたけどね。

DISCOVER JAPAN　大阪万博の終了後、国鉄の個人旅行拡大キャンペーン「ディスカバー・ジャパン」が始まりました。キャンペーンを盛り上げるため、駅のポスターや車内広告、さらに国鉄提供のテレビ番組「遠くへ行きたい」。永六輔さんが一人で日本全国を旅しながら、国内旅行への憧憬を誘いましたね。

岡山駅旅行センター開設記念（1971年）

ソノシート形記念乗車券　都電荒川線7000形の初代登場と同時に、ワンマン運転がスタートした昭和53年のもの。周囲の切符は切り離して使えるようになっています。ソノシートの内容は「音でたどる都電荒川線」。語りは二代目三遊亭圓右師匠です。

都電荒川線新装記念（1978年）

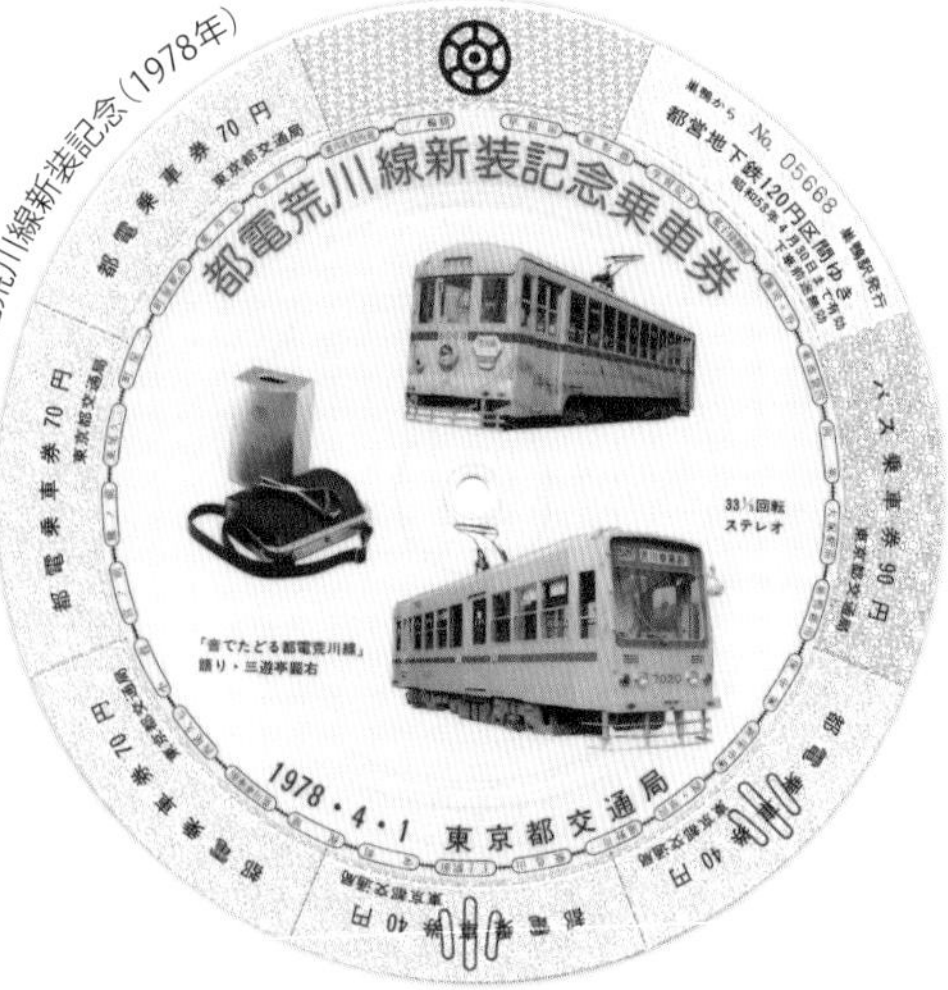

餘部鉄橋と和風客車「みやび」　昭和61年（1986）、和風客車「みやび」が山陰本線の餘部鉄橋を回送中、日本海の強風にあおられ転落、死者と重傷者が出る痛ましい事故に遭遇。事故を契機に架け替えの取り組みがなされ、現在、鉄橋下の事故現場には慰霊碑が建立されております。事故の犠牲者と和風列車「みやび」のお悔やみに、一度は訪れなくてはいけないところなのです。

餘部鉄橋開通70周年記念（1982年）

門司港駅に残る地方色　駅としては日本で初めて国の重要文化財に指定された門司港駅。老朽化への対応や耐震補強を行うため、2019年に保存修理工事が完了。未来を見守り続ける門司港駅、50年前と変わらぬ地方色を保っていることに感謝いたします。

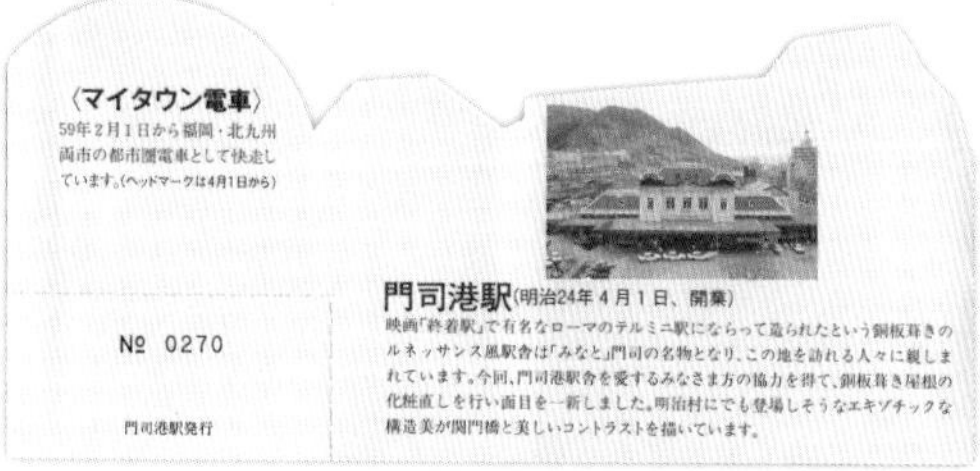

門司港駅開業93年改装記念（1984年）　下は裏面

記念入場券・乗車券・急行券

初めての特急列車　初めての特急は「特急はつかり」。窓側の綺麗で優しいお姉さんが席を譲ってくれ、静岡名物「安倍川餅」まで頂いてしまい…。若くて純情なオイラ、照れくさくてあまりお話も出来ませんでしたが、安倍川餅を見ると、今もお姉さんの顔が浮かんで来るほど、刺激的なお姉さんだったな…。下はその10年後のはつかり記念入場券。

昭和53年（1978）10月2日実施の白紙ダイヤ改正「ゴーサントオ」より、特急「はつかり」ヘッドマーク。

▼溜まる一方の鉄道記念券

日豊本線観光特急にちりん号誕生記念（1968年）

特急「とき」号3時間55分運転記念（1968年）

特急「いなほ」新設記念（1969年）

特急「あずさ」号大糸線乗り入れ記念（1971年）

江ノ電開通75周年記念「俺たちの朝」（1977年）

江ノ電の復活　江ノ電「極楽寺駅」は「俺たちの朝」のロケ地で有名になり、廃線の危機を救ったことで有名。江ノ電は都心からのアクセスも良く運行本数も増えたものの、いまや超満員の混雑ぶり。喧騒を忘れさせてくれる昭和の雰囲気も失われたように感じてしまうのでした。

おわかれ白糠線記念（1983年）

本来の意味での葬式鉄とは…　最終列車には立ち会えませんでしたが、昭和58年（1983）、開業からわずか11年での廃線直前、白糠線に乗ることができました。白糠から終点の北進まで往復しましたが、乗客はほとんど居ませんでしたよ。開業時から何度も乗っていた白糠線、本当の別れを惜しんで車内で涙を流したのでした。最近はマナーが問われる鉄道ファンの迷惑行為が後を絶たず、廃線や列車の廃止となる日に現れ、駅のホームで罵声を上げる連中のことを一般的に「葬式鉄」と称されるようになってしまったのが残念です。

さよなら広尾線（1987年）

しまんトロッコ記念乗車券（2020年）

懐かしの最悪の乗り心地
水戸岡鋭治氏による新デザイン「しまんトロッコ」。元は北海道で砂利や枕木を運んだ国鉄小型貨車コトラ45000形の改造なので、台車は乗り心地無視の板バネ単軸台車のまま。ゴトゴト・ギシギシ、四万十川沿いを懐かしの最悪の乗り心地が楽しめます。

初めての鉄道一人旅、あの思い出を駆け足で。

オイラが高校生になる昭和37年（1962）の春休み、定期的に東京からやって来るおじさんから、北海道均一周遊券を4日間だけ借りられることになったのです。その頃は国鉄完乗なんて思ってもいなかったので、まずは、う〜んと遠くに行ってみたいと、初めて時刻表を買って一人旅の計画を練ったのでした。

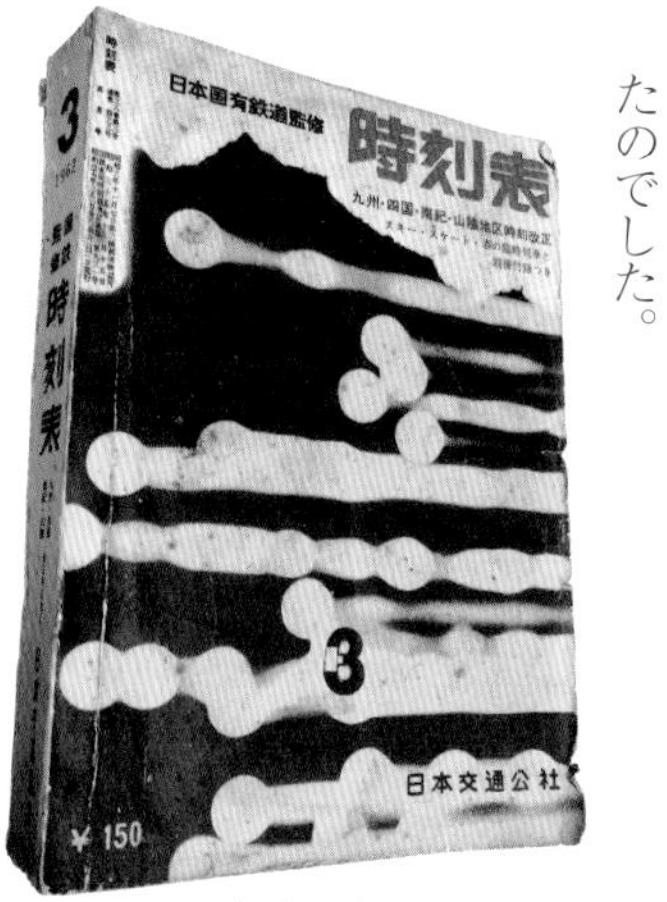

初めて購入した時刻表

当時、道内の列車で最長路線は、函館本線と根室本線を経由する函館発釧路行き「急行まりも」。しかも、冬期間はスキー客用にわが狩太駅（かりぶと・現ニセコ駅）にも停車したのです。函館まで行って始発から終点まで乗りたかったけど、釧路まで12時間、更に函館往復に7時間は乗り継ぎも難しいので、とりあえず無理はせず、午後5時56分発「急行まりも」で釧路まで。記念すべきあほまろ少年乗り鉄の始まりでありました。

途中で親戚の家に泊めてもらおうと土産と着替えを少々、もしもの場合に備えてボーイスカウトで使った寝袋や時刻表などをリックに詰め、ワクワクであります。母親と妹が駅までお見送り、妹が出発間際に寂しいからこの子も連れて行ってと、犬のぬいぐるみを手渡したのを断ろうとした時、汽車は出て行く煙は残るっ〜てか。

早朝6時20分、20分遅れで釧路到着。6時15分発「準急ノサップ」に間に合うのかを心配したけど、ちゃんと急行を待ってからの出発で一安心。日本最東端の納沙布岬まで行きたかったけど、時間がないので、根室でそのまま折り返して釧路に戻り、次の目的は、釧網本線で網走。到着は午後7時過ぎなので、家を出てから25時間も汽車に乗りっぱなしですよ。網走駅では親戚のお姉さんが向かえてくれて、その夜は布団で寝られました。

翌朝、石北本線網走発6時35分「急行オホーツク」、旭川着10時38分。旭川で宗谷本線「急行天北」に乗り換え、稚内到着16時41分。当初の計画では、稚内発20時48分、札幌着5時47分の「準急利尻」に乗り、札幌の親戚宅で仮眠して帰宅の予定。まだ4時間もあるので最北端の宗谷岬に行きたくなったのが敗因でした。3月も終わろうというのに帰りのバスが猛吹雪で立ち往生。おかげで約3時間も車内待機、汽車は出て行き煙も残らず。稚内駅で、もしもの寝袋が役にたったのでありました。

始発の6時30分発函館行「急行宗谷」は札幌着13時5分。ただし、「急行宗谷」は室蘭本線経由なので札幌乗り換え。駅を降りて、親戚宅で高校入学祝いを頂き、札幌発18時10分「準急らいでん」にて狩太着20時48分。北海道東北端三泊四日の旅の終了でした。

この旅を切っ掛けに、後の国鉄完乗へと続くのであります。

北海道国鉄路線廃止第一次選定路線

オイラが愛した北海道の路線も次第に消えていった。

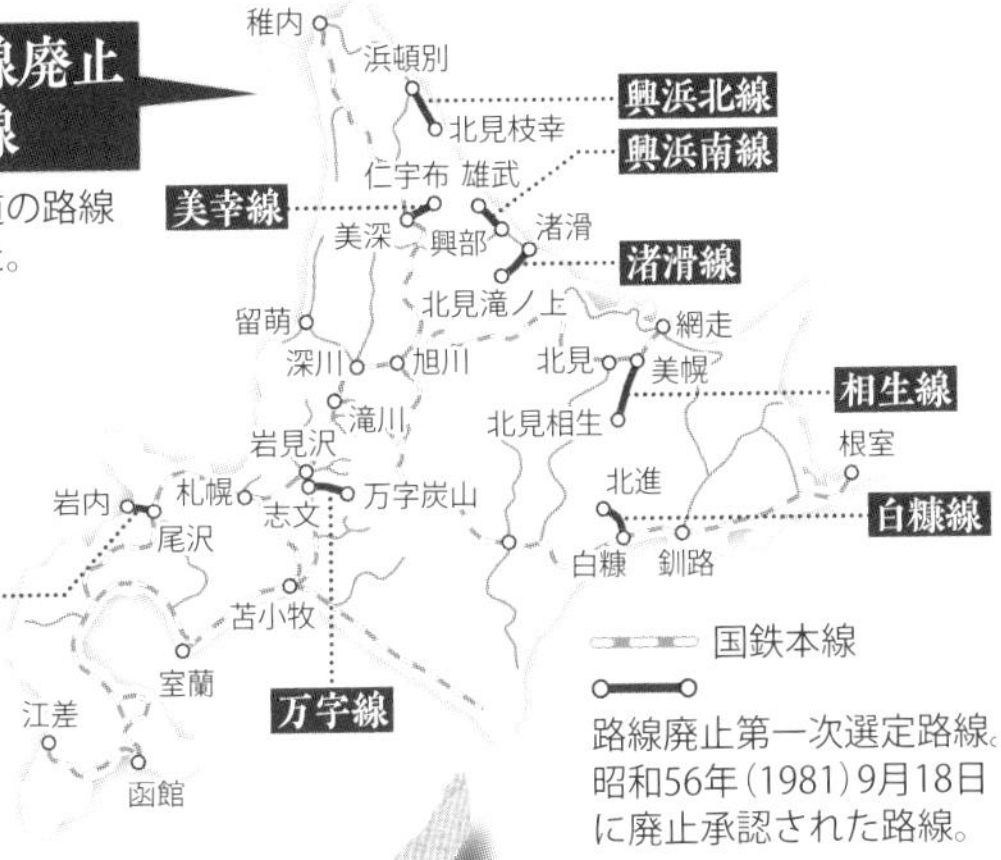

当時の時刻表より、狩太駅停車の部分。

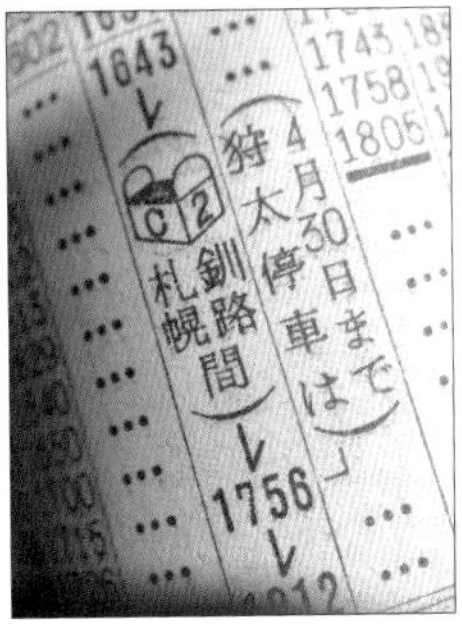

昭和37年（1962）当時の北海道国鉄路線網（　　）とあほまろ少年の旅（　　）。

ニセコ駅。狩太駅は昭和43年（1968）、現ニセコ駅に改称。ハロウィンの季節で、駅前はカボチャがいっぱい。

思い出の「急行らいでん」も昭和59年（1984）に廃止。

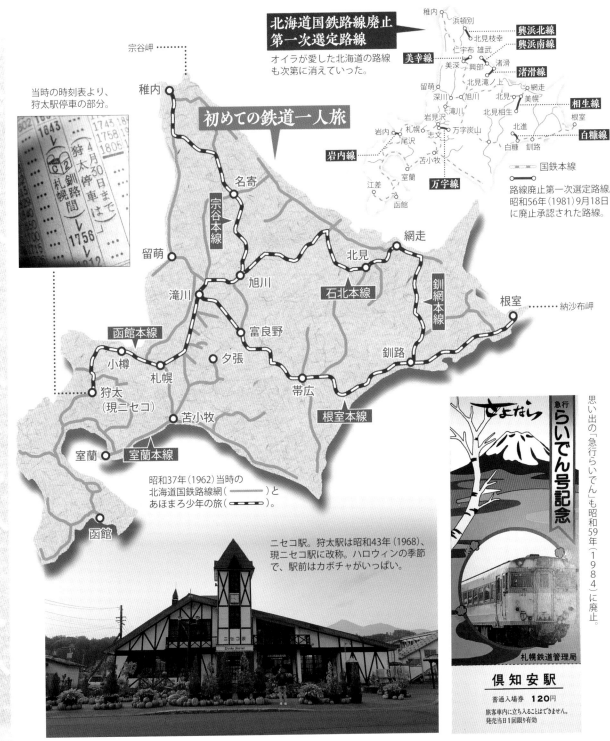

オイラの紙モノ・鉄分コレクションから

各車掌区の車内補充券

「恋の山手線」のおかげ

小林旭「恋の山手線」は、東京オリンピックの年に柳亭痴楽師匠が「七・五調」で演じた「痴楽綴方狂室」の「恋の山手線」を、微妙にアレンジし、落語評論家の小島貞二作詞、浜口庫之助作曲で大ヒット。「恋の山手線」のおかげでオイラと同世代は、山手線のわずか28駅（現在は30駅）だけは暗唱出来たのです。

『思った私が素っ頓狂（東京）、何だかんだ（神田）の行き違い、彼女はとうに飽きはばら（秋葉原）、本当におかち（御徒町）なことばかり、やまて（山手）は消えゆく恋でした。』（痴楽綴方狂室より）。

さて、幼少から駅名の暗唱が楽しかったのが、小さな券面に数百の駅が記された夢のキップ「車内補充券」に出会ってしまったことで、全国の社内補充券を求めることに…。

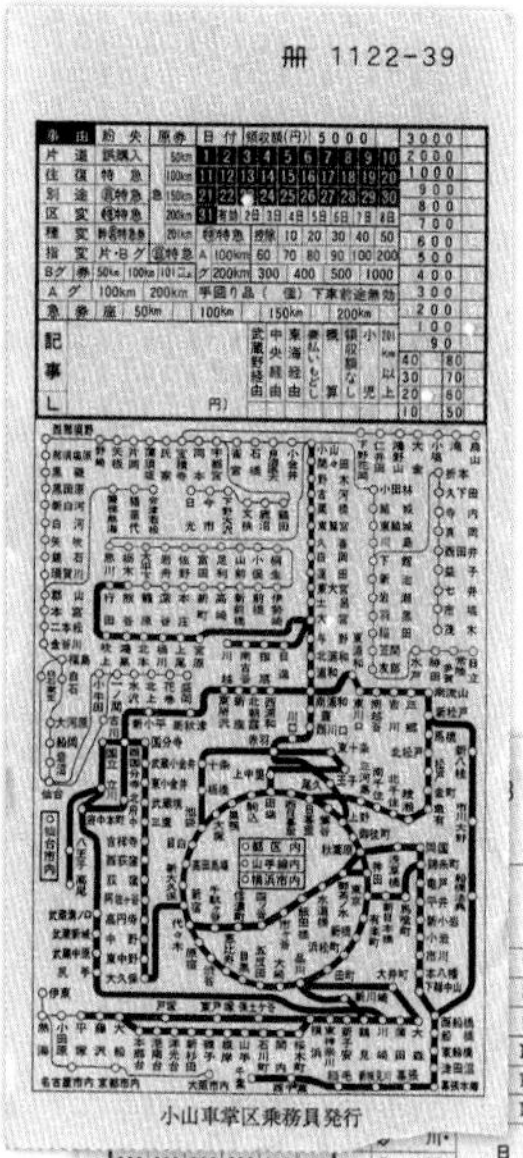

小山車掌区地図式車内補充券

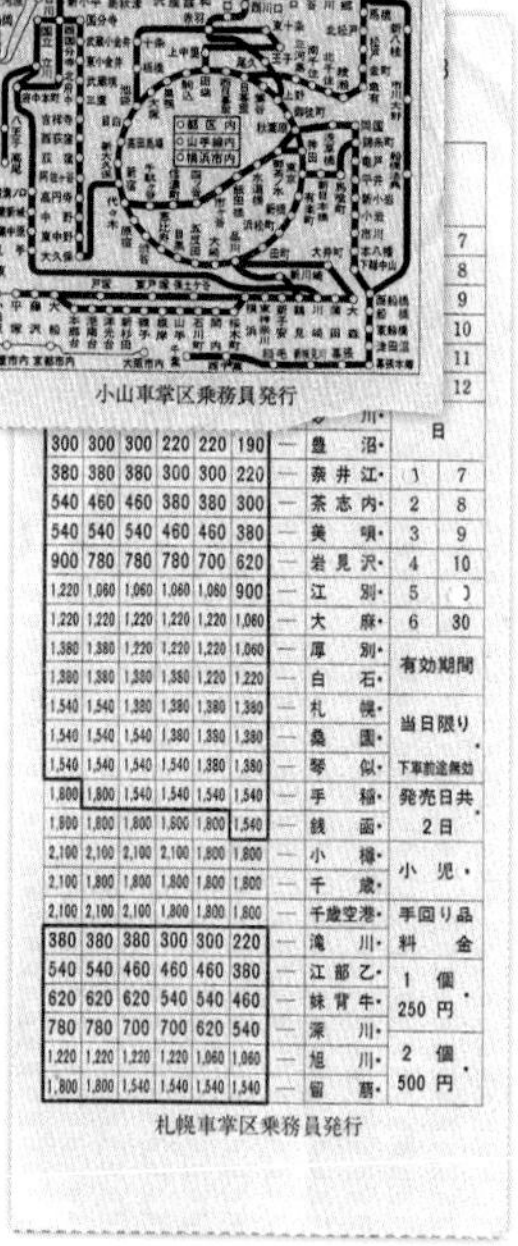

札幌車掌区社内補充券

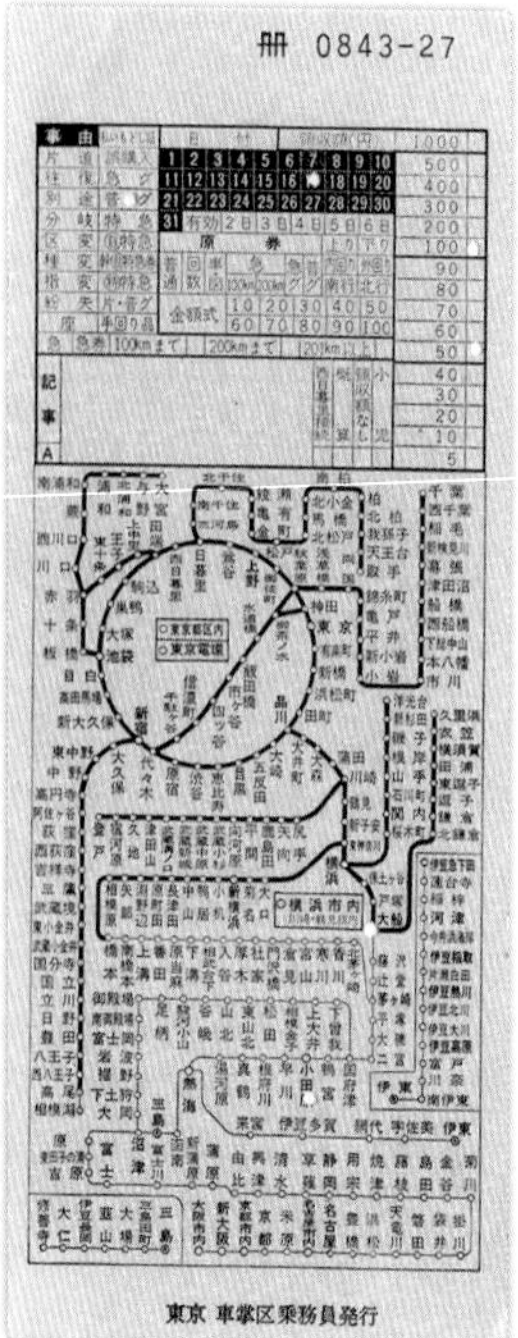

東京車掌区地図式車内補充券

周遊券・フリー切符

北海道内ほぼ完乗　道内均一周遊券は地元では買えず、東京の親戚に周遊券をお願いして、それによりほぼ完乗。ただ、残ってしまったほぼが夕張線登川支線。それも昭和56年に石勝線の延長で廃線間際に飛び乗って、北海道全線完乗からようやくほぼが取れたのでした。

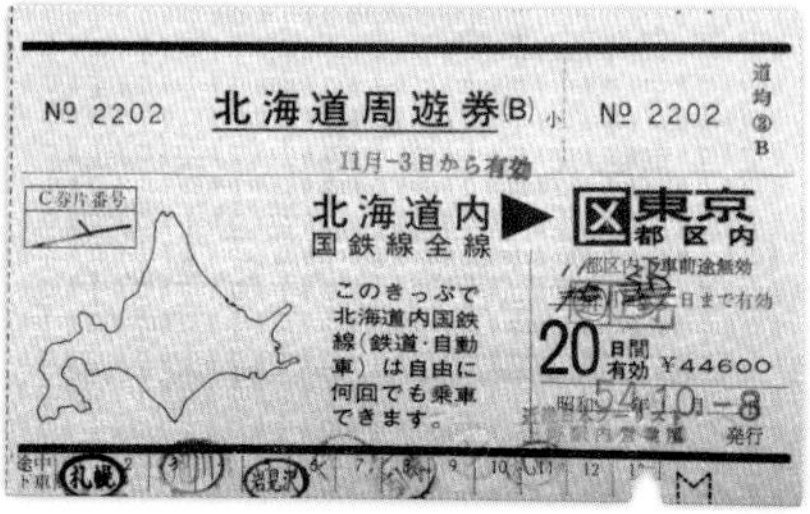

北海道全線完乗からほぼが取れた時の周遊券（1979年）。

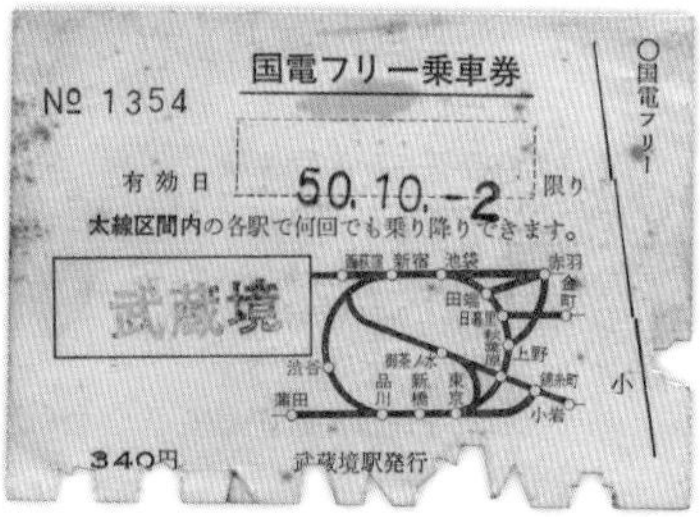

国電フリー乗車券（降車駅の入鉄が楽しかった）（1975年）。

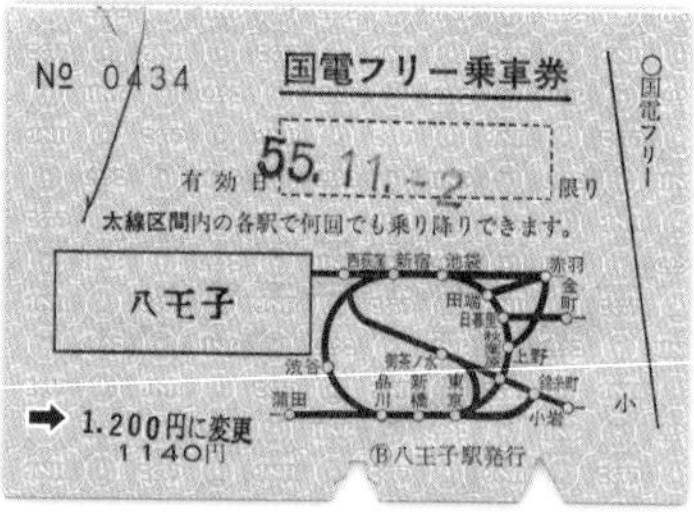

国電フリー乗車券（料金改定時暫定印：➡部分）（1980年）。

太宰府天満宮初詣を目指して…　東京始発６時の「ひかり」博多行きは大混雑、新大阪駅までデッキ立ちで、大阪にて断念。住吉大社で初詣をして帰ったことがありましたよ。

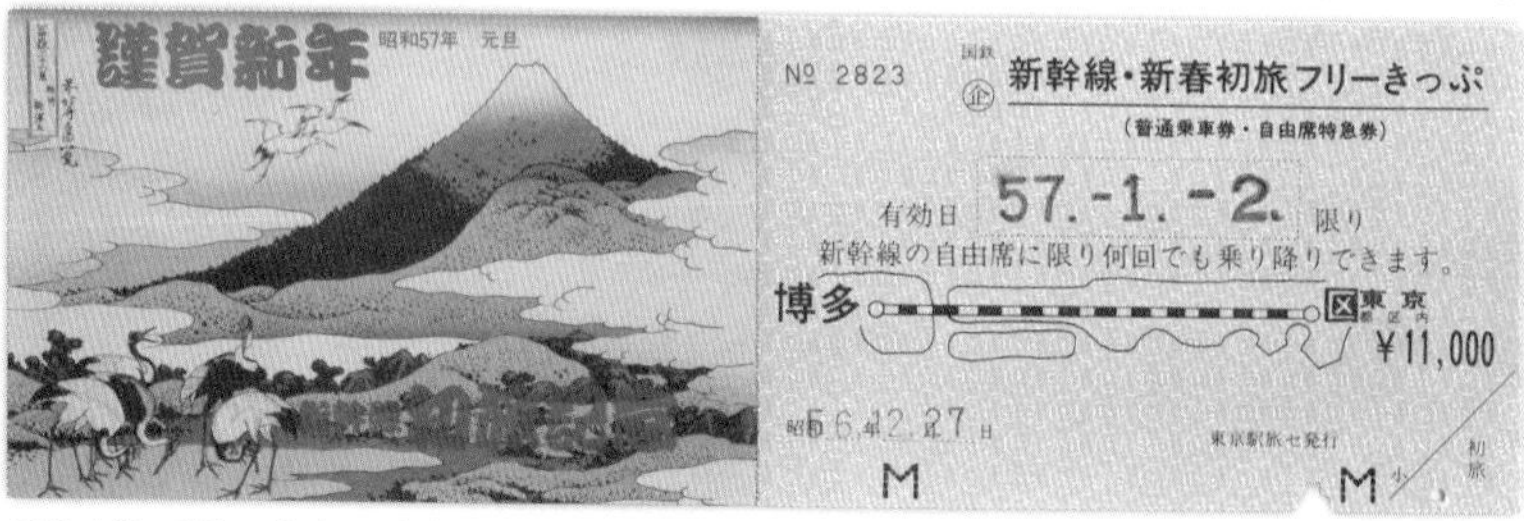

国鉄時代の昭和57年（1982）「新幹線・新春初旅フリーきっぷ」。お正月限定でお値段は11,000円だった。

天王寺民衆駅開業20周年記念入場券・見本（1982年）

梅小路蒸気機関車館10周年記念入場券・見本（1982年）

名寄駅・急行券・見本

ニセコエクスプレス誕生記念入場券・見本（1988年）

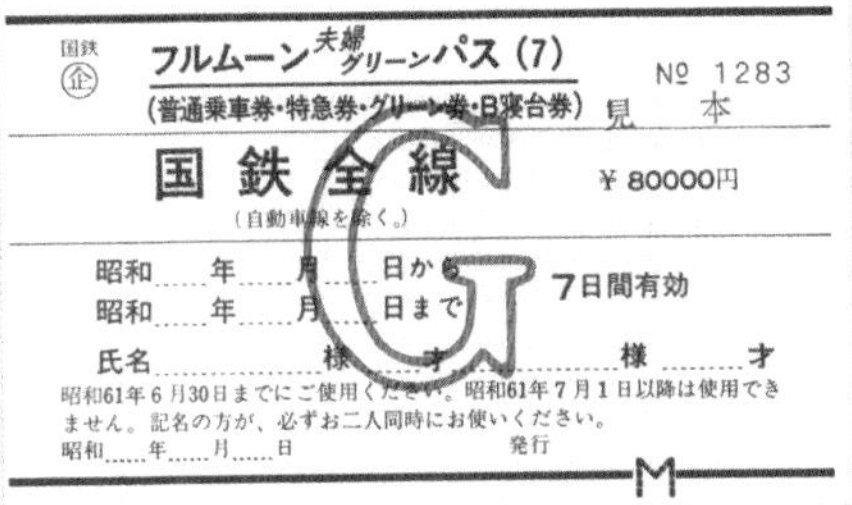

フルムーングリーンパス・見本（1986年）

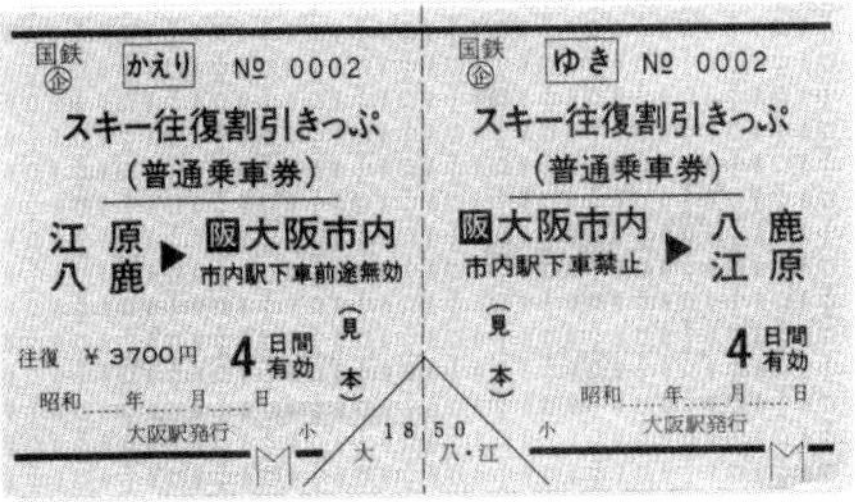

スキー往復割引きっぷ・見本

ホームラン世界新記録達成記念乗車券・見本（1977年）

浅草三社祭記念入場券・見本（1980年）

見本切符あれこれ

無価値にもある種の文化が…　切手は一部を除くと、明治時代のものであろうが法律上は使用可能ですが、“記念切符”はすべて有効期限が設定されているので、たとえ未使用であっても、期限が過ぎた途端に紙切れになってしまい、ましてやその“見本切符”は紙クズ同然。でも、見本切符だって、眺めていると、世間一般の人々には多少受け入れられ難いけれど、ある種の文化を感じるのであります。そんなオイラを笑ってやってくだされ。

▼どこまでも、いつまでも、鉄分補給は続く。

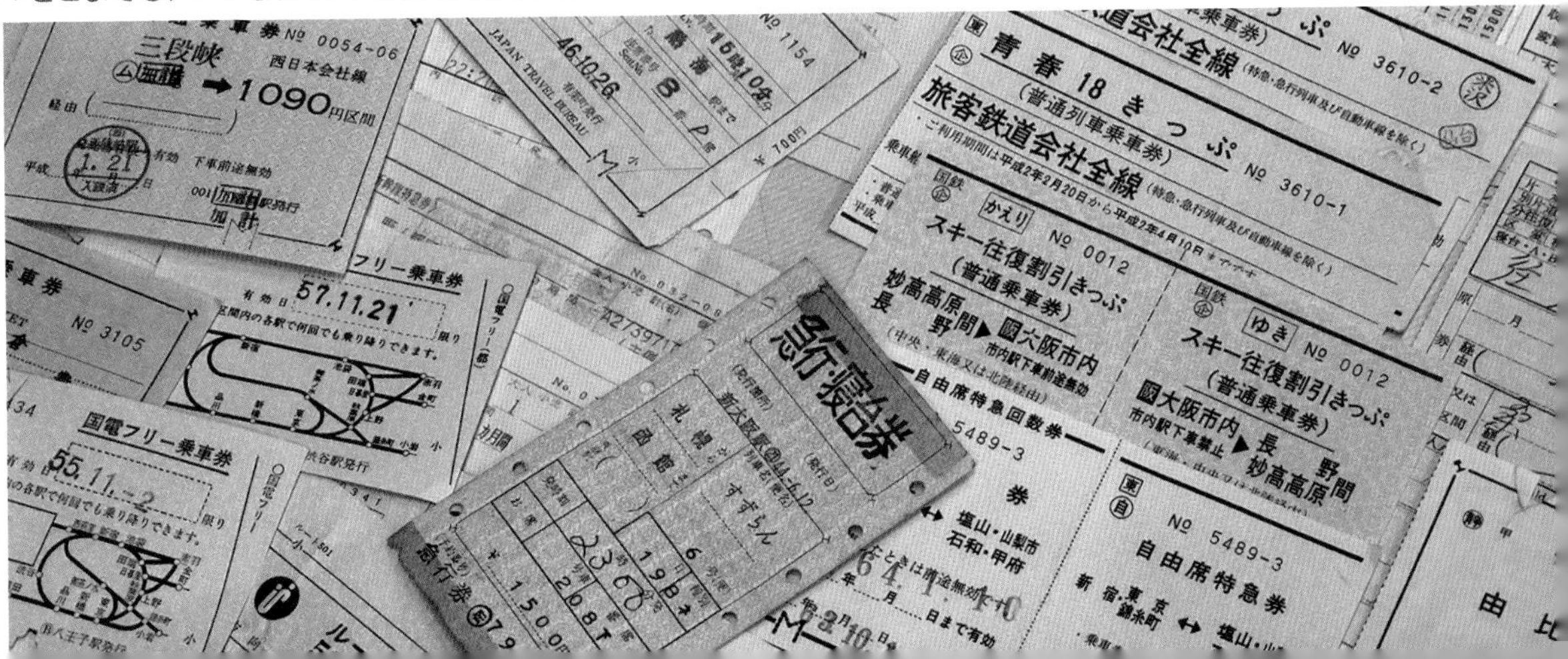

「自己満足」でなければ、蒐集なんてあり得ません。

　オイラの時代、切符の蒐集ほど肩身の狭い思いの蒐集はありませんでしたよ。使った切符を持ち帰りたい時には、どこの駅でも係員に申し出ると快く無効印を押してくれる、そんな時代が来るなんて良い時代になりましたね。

　オイラが完乗に奔走していた昭和40年代の国鉄は、使用済み切符は回収するのが原則というか、それが鉄則で、事情に依らず認められませんでした。そのために、どうしても手元に残しておきたい切符は、目的駅の手前駅で途中下車、そこから目的駅までの切符を再度購入するという無駄をしてまで持ち帰ったのでした。

　しかし、無理を承知で交渉に挑んだこともありましたよ。最初の交渉は、オイラにとって初めての寝台特急「ゆうづる2号」（青森―上野）の寝台特急券です（上）。これだけはどうしても残しておきたくて、恐る恐る職員にお願いをすると、駅事務所に連れて行かれ、書類に保存理由など様々書かされるという苦々しい思いで持ち帰ったのでしたが、

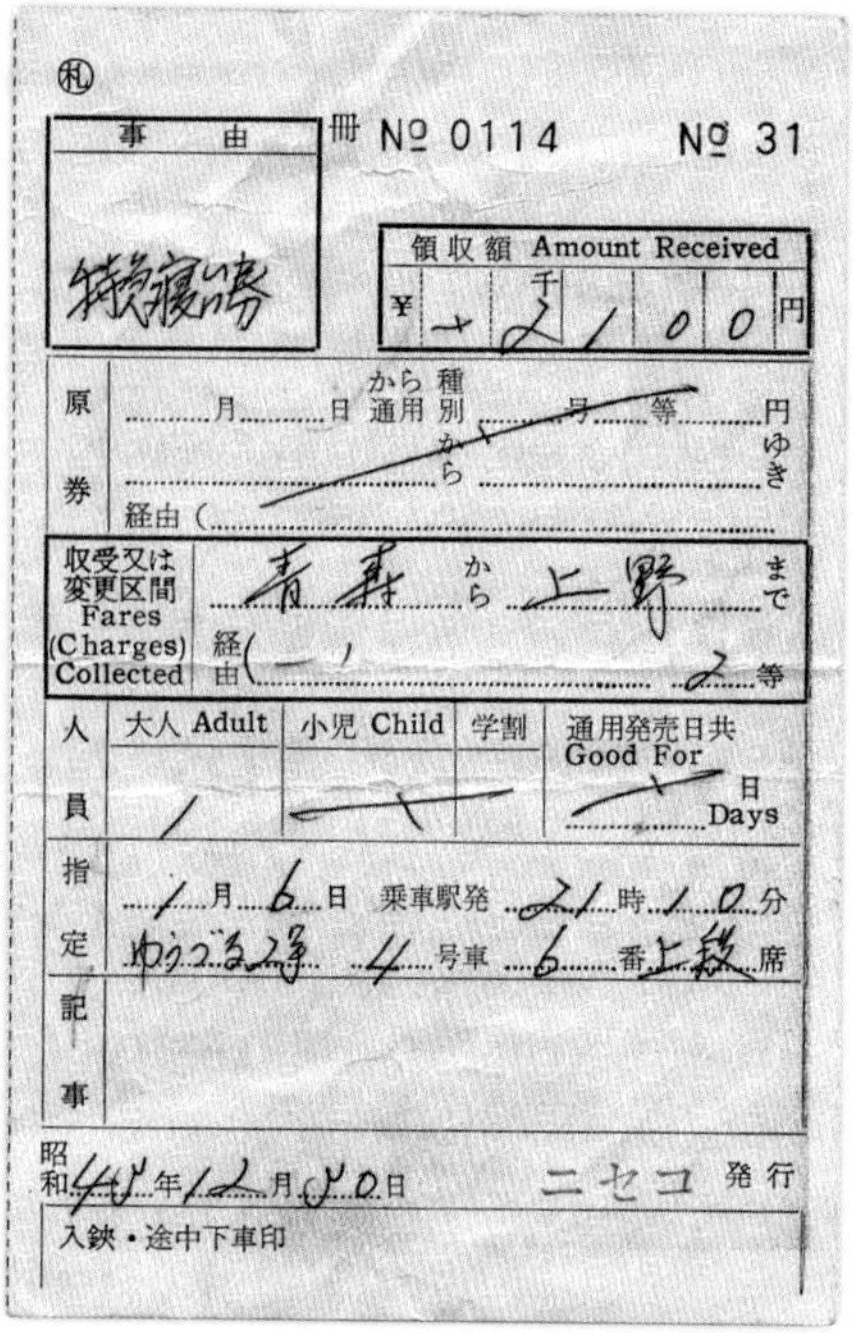

初めての寝台特急「ゆうづる2号」の寝台券。昭和44年1月6日。

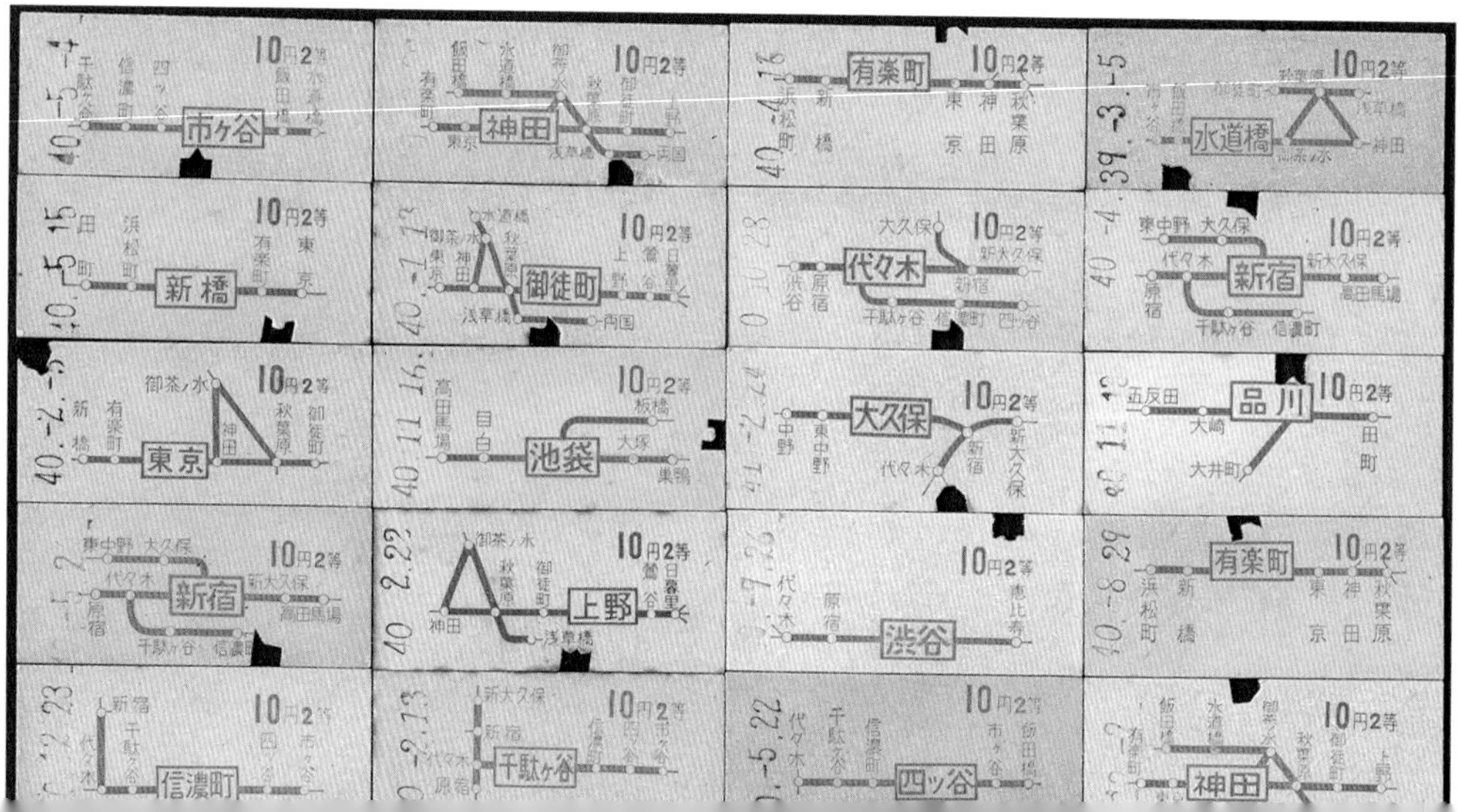

山手線10円時代の硬券

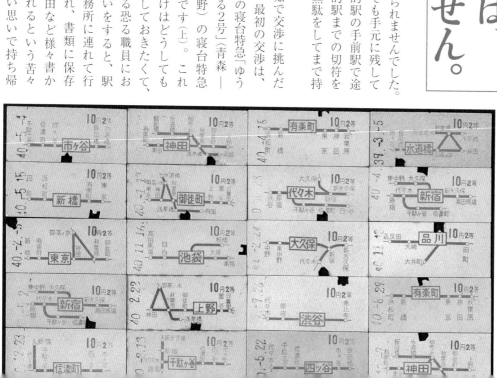

何故か無効印は押されなかったのがラッキーでしたよ。

しかし、交渉で失敗したことの方が多かったですね。今、思い出しただけでも悔しく思うのが、「ひかりは西へ」の始発切符です。昭和47年（1972）3月15日、新大阪駅―岡山駅間の開業一番列車に乗るために、前日より大阪駅に泊まり込みまでして購入した特急指定席券だったのに、残っておりません。慌ただしい開業初日の岡山駅では、誰も聞く耳を持ってくれなかったのです。

まったく価値のない切符をそこまでしてまで持ち帰っても、他人が見たら「使用済みの切符にどんな意味があるの？」、それは大きなお世話でしょ。

どんなにくだらないコレクションでも、それなりに奥が深いもので、豊富なバリエーションを分類するだけでも奥深くて興味が尽きないのですからね。特に、オイラのコレクションのほとんどは、自分の日記の一部なので、どの一枚を見ても、その時の詳細を語れるほどです。

「自己満足」でなければ、蒐集なんてあり得ません。生きている証なので、オイラが死んだら紙くずで結構ですよ。

著者プロフィール

三遊亭あほまろ

三代目三遊亭圓歌の弟子だが落語家ではない。庶民文化研究家・古銭研究家・写真家をしながら執筆活動をしている。毎朝、愛犬と朝の浅草散歩をしながら、「今朝の浅草日記」を配信中。
https://www.edo.net/

※膨大なオイラのコレクションは、学芸員と図書館司書の資格を持つ弟子の町田古麻呂が、高校時代より分類整理を行っていますので、紙モノ・コレクションの楽しさを次の世代に引継いでくれることでしょう。

絵はがきから鉄道切符まで
紙モノ・コレクション大百科

2020年11月15日　第1版第1刷発行

著　　者　三遊亭あほまろ

発　　行　切手の博物館(一般財団法人 水原フィラテリー財団)
〒171-0031 東京都豊島区目白1-4-23
電話 03-5951-3331

発 売 元　株式会社 郵趣サービス社
〒168-8081 東京都杉並区上高井戸3-1-9
電話 03-3304-0111(代表)　FAX 03-3304-1770
https://www.stamaga.net/

制　　作　株式会社 日本郵趣出版
構成・編集　平林健史
編 集 協 力　町田古麻呂（江戸ネット）
装　　幀　三浦久美子
似 顔 絵　ウノカマキリ（三遊亭あほまろ）・外崎なつ（編集長ひらりん）

印刷・製本　シナノ印刷株式会社

©Ahomaro/edo.net 2020

＊乱丁・落丁本が万一ございましたら、発売元宛にお送りください。送料は当社負担でお取り替えいたします。
＊無断転載・複製・複写・インターネットへの掲載(SNS・ネットオークションも含む)は、著作権者および発行所の権利の侵害となります。あらかじめ発行所までご連絡ください。

BN978-4-88963-850-9

切手の博物館の本

著名人の切手と手紙
切手の博物館 開館20周年記念
本体 926 円+税
2016 年 11 月刊行

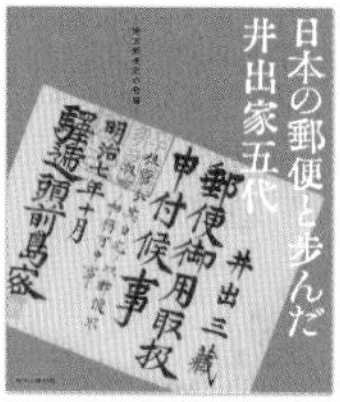

日本の郵便と歩んだ井出家五代
—地方郵便史の発掘—
本体 1,600 円+税
2018 年 3 月刊行

収集を楽しむ 40 話
切手もの知りBOOK
本体 1,200 円+税
2019 年 1 月刊行

平成・普通切手総図鑑
本体 1,400 円+税
2019 年 5 月刊行

歌い踊る切手
古典芸能トリビアBook
本体 1,500 円+税
2019 年 10 月刊行

戦争と郵便
戦後75年・手紙が語る戦争の記憶
本体 1,600 円+税
2020 年 7 月刊行

発売元：郵趣サービス社